風俗警察

今井 良

角川新書

プロローグ

東京の新宿《しんじゅく》・池袋《いけぶくろ》・渋谷《しぶや》は国内有数の繁華街を抱えている。夜ともなると平日にもかかわらず、多くの飲食店は酔客であふれ、呼応するように風俗店も活況を呈する。人間の欲望は飲酒とともに解放へと向かいがちだ。そうした客から時に大金をせしめようとする違法な店が存在する。

「いい子がそろっていますよ」

若い男がサラリーマン風の2人組の男性に声を掛ける。しかし、声を掛けた相手が悪かった。

「おたく、何の店なの？」

「キャバクラです」

「ここ、客引き禁止なんだけどな」

そう話し、2人組のうちの年配の男性が警察手帳を見せると、若い男はいきなり走り出した。

「待て！」

若い捜査員が男を追いかける。もう1人のベテラン捜査員はポリスモード（警視庁捜査員専用携帯電話）を取り出し、１１０番を受理する警視庁本部の通信指令センターに架電する。

「本職は警視庁生活安全部保安課の○○です。条例違反の被疑者が現在逃走中。付近を警戒中のＰＭ（警察官）、ＰＣ（パトカー）の応援を要請する。男の人着（人相着衣）は30歳くらい、茶髪、頬がこけた痩《や》せ型、白いシャツに黒いズボン」

捜査員は声を掛ける前にあらかじめポリスモードで撮影しておいた男の写真を直ちに転送する。画像は最寄りの警察署リモコン室（無線指令室）を経由し、通信指令センターにも届けられる。画像は警視庁の全警察官に一斉送信された。

逃走から15分後、周辺を密行中で、送信された画像を確認していた警視庁第二機動捜査隊員によって追跡された男は東京都迷惑防止条例違反（客引き）容疑で現行犯逮捕された。

サラリーマンを装い繁華街をパトロールしていたのは、警視庁生活安全部保安課、通称「風俗警察」の捜査員だったのだ。

そもそも風俗とは性風俗店のみを指すものではない。飲食店やダンスクラブなど私たちになじみ深いものも営業に際しては風俗警察の許可が必要となる。節度を守った夜遊びは娯楽として楽しむことができ、明日への活力となる。しかし、客を虎視眈々《こしたんたん》と狙う悪質な業者が存在することも事実だ。人間の欲望が交差する、絶え間ない夜の街での犯罪に風俗警察が目を光らせている。

本書は民放テレビ局で警視庁担当記者を務めた筆者が、日本最大の風俗警察である警視庁生活安全部保安課を徹底取材したものである。そして現代の風俗警察を描きながら、未来の風俗警察の姿にも触れられればと考えている。

文中に登場する事件、肩書等は当時のもので、人物名も一部仮名とさせていただいた。

目次

参考文献　213

※本文中、現在では差別用語とみなされる語句が出てきますが、歴史的観点からそのまま掲載しています。

企画協力＝アップルシード・エージェンシー

第1章　風俗警察の最前線

■ドキュメント　違法風俗店捜索

「総員、配置につかれたい」

警部の指揮官が無線で一斉に呼びかける。

「1班完了」

「2班完了」

イヤホンを耳にした捜査員から次々と配置完了の合図が無線に入る。警部は腕時計に目をやり時間を確認し、東京都台東《たいとう》区根岸《ねぎし》1丁目のマンションを見上げた。

2017年2月某日の夕方。警部をはじめとする総勢20人の捜査員が現場に集結した。彼らは売春防止法違反容疑で派遣型性風俗店、いわゆるデリバリーヘルス店の事務所にガサをかける（家宅捜索）ために招集された、風俗警察＝警視庁生活安全部保安課・風紀第二係の精鋭たちだ。捜査関係者への取材に基づき、捜索の様子をドキュメント風にお伝えしていく。

「警視庁です。売春防止法違反容疑でフダが出ているから。話を聞かせてよ。同時に事務所の中を改めさせてもらう」

部屋番号を押し、インターホンで呼びかける警部。部屋の主も覚悟を決めているのだろうか。エントランスの自動ドアが静かに開く。と同時に10人の捜査員が入っていく。警部と他2名はエレベーターで、たたんだ段ボールを手にした残りの捜査員はダッシュで非常階段を上がっていく。すでに事務所入り口のドア前には警部らが到着。

「開けてください！」

ドアをノックする警部。少し間が空き、ドアがガチャリと開いた。

「動かないで！　そのまま！」

なだれ込む捜査員。警部の怒号が響いた。２ＬＤＫの室内にはオーナーと店長、２人の男性従業員と待機中の女性従業員２人の計６人がおり、その場で逮捕状が執行され手錠がかけられた。事務所の家宅捜索も開始される。室内のハンガースタンドには客の要望に応じてサービスで使われるコスチュームだろうか、多種多様のセーラー服がかかっている。捜査員が写真に収め、段ボール箱に証拠品として押収していく。

「１日の売り上げはどのくらいなんだ？」

室内では警部がオーナーと店長から話を聴いている。

保安課によると、この店はデリバリーヘルス店を装って男性客に売春をあっせんしていたという。逮捕・捜索容疑は、2017年2月11日、店に在籍する23歳の女性を事務所付近のホテルに派遣し、60代の男性に引き合わせて売春をあっせんした疑いだった。客が店に支払う料金は60分2万円で店のホームページでは「厳選された美少女専門店」とうたっていたという。

オーナーや店長が捜査員に連行され、捜査車両に乗せられる。車体に警視庁と印字された小型トラックに捜査員が次々と押収品が入った段ボールを積み込んでいった。その後の保安課の調べで、店には18歳から37歳の女性およそ100人が在籍。オープンした2014年3月から2017年2月までに約8億4000万円を売り上げていたとみられている。

■責任転嫁する店側

首謀者である経営者の男（39歳）は保安課警部の取り調べに対して、容疑を否認した。

「店では売春は禁止していましたよ。女性が客と勝手に交渉して売春したんでしょう。だから店に責任はないでしょう、違いますか、刑事さん」

経営者の男は「女性従業員が勝手にやったことで、店は一切関知していない」との姿勢を崩さなかったのだ。しかし取り調べを担当する警部には切り札があった。

「こっちは全部わかっている。店が女性の上前をはねていたこともちゃんと裏を取っているぞ。自分から説明したほうがいい」

保安課＝風俗警察では、地道な内偵捜査を行っていたのだった。女性従業員に接触し、非公式に捜査協力を依頼。捜査関係者によると、店側は従業員が客から得た金の20％を受け取っており、客と従業員の間で売春が成立すると料金が上乗せされていた。売春に成功すると通常より10％上乗せされた30％分が店の取り分になっていたという。風俗警察ではこうしたスキームに着目し「売春防止法の周旋罪に問える」と判断したのだった。周旋とは売買や雇用などで仲に立って取り持つことを言う。つまり、「売春のあっせんをすること」である。売春防止法における周旋とは、売春をする者とその相手側の間に立って売春が行われるように仲介することだ。売春防止法の周旋罪が成立するためには「売春が行われるように周旋行為がなされれば足り、遊客において周旋行為が介在している事実を認識していることを要しない」とされている（最高裁判例・２０１１年［平成23年］８月24日決定)。

風俗警察は客が売春をあっせんされていると認識しているか否かを問うことはなく、業者側があっせんを行うに足る理由があれば周旋の罪として問えるのである。

今回の事件でも警視庁保安課の捜査班は、事前に入手した情報を元に「内偵捜査」を進めていた。客や従業員を密《ひそ》かに聴取し容疑の裏付けを進めていたのだった。内偵捜査とは相手に察知されずに捜査を進める手法である。対象の個人、組織の情報を徹底的に収集し、法に基づくあらゆる方法を使って「丸裸」にしていく。それが風俗警察の真骨頂だ。

■風俗警察とは何か

戦前期の警察において、風俗警察のテリトリーには性風俗の取り締まり以外のものも含まれ、実に広範囲に及んでいた。警察関連の出版物を数多く出版していた松華堂書店は、1931年(昭和6年)に『最新警察用語辞典』を出版。同書には風俗警察の定義が明記されている。

善良なる風俗を維持するが為にする警察作用であって、娼妓、貸座敷、密売淫、広告物、形象、碑表、未成年者の喫煙又は飲酒、男女混浴、射幸行為、活動写真、演劇、演芸、観物、競馬法に依る競馬、地方競馬規則に依る競馬、芸妓、酌婦、料理店、飲食店、待合茶屋、貸席、遊技場等に関する取締は、何れも風俗警察である

風俗警察の業務は今も全国の警察では「生活安全課（過去には防犯課と呼ばれる）」が受け持っている。職員約４万６０００人の陣容を誇る日本最大の警察本部であり、東京都を管轄する警視庁では「生活安全部保安課」が風俗警察である。保安課は警視正の課長を筆頭に、「風俗保安対策官」と呼ばれる警視の理事官がいる。そして、現場を持たない調査担当管理官１人と担当業務ごとの４人の管理官（いずれも警視）が現場を統括。さらに各係には警部の係長がおり、捜査を指揮する。総員は２５０人で所轄署の生活安全課でキャリアを積んだ精鋭が集められている。

警視庁生活安全部保安課の組織は警視庁分掌事務規程によると、２０１８年４月現在、次のようになっている。

警視庁生活安全部保安課

・保安課長（警視正）

・風俗保安対策官（理事官。警視級）

【風俗営業担当管理官＝警視】

風俗管理係　1　課内の庶務に関すること

2　風俗環境保全協議会に関すること

3　他の分掌に属しない風俗営業等に関すること

風俗営業係　1　風俗営業及び特定遊興飲食店営業の許可に関すること

2　性風俗関連特殊営業及び深夜酒類提供飲食店営業の届け出に関すること

3　性風俗営業等に係る不当な勧誘、料金の取立て等及び性関連禁止営業への場所の提供の規制に関する条例（平成12年東京都条例第196号）に関すること

4　歓楽的雰囲気を過度に助長する風俗案内の防止に関する条例（平

成18年東京都条例第85号）に関すること
5　東京都デートクラブ営業等の規制に関する条例（平成９年東京都条例第68号）に関すること

行政処分係

1　風俗営業等の規制及び業務の適正化等に関する法律（昭和23年法律第１２２号）違反者の行政処分に関すること
2　性風俗営業等に係る不当な勧誘、料金の取立て等及び性関連禁止営業への場所の提供の規制に関する条例違反者の行政処分及び場所の提供に係る規制の指導取締りに関すること
3　歓楽的雰囲気を過度に助長する風俗案内の防止に関する条例違反者の行政処分に関すること
4　東京都デートクラブ営業等の規制に関する条例違反者の行政処分に関すること

査察係

1　風俗営業、性風俗関連特殊営業、特定遊興飲食店営業、飲食店営業、性風俗営業等、風俗案内の営業、デートクラブ営業及び利用カード販売業の査察取締りに関すること

【保安担当管理官＝警視】

保安第一係　1　賭博犯罪等の捜査及び情報の収集に関すること

保安第二係　2　外国人労働者に係る雇用関係事犯の取締りに関すること

保安第三係　3　他の分掌に属しない保安警察関係法令違反の取締りに関すること

【第一風紀担当管理官＝警視】

保安情報捜査係　1　風俗関係事犯、売春事犯、賭博犯罪等に係る情報の初動捜査に関すること

風紀第一係　1　わいせつ等風俗関係事犯の調査及び資料の収集に関すること

2　わいせつ等風俗関係事犯の取締りに関すること

【第二風紀担当管理官＝警視】

風紀第二係　1　売春関係の調査及び資料の収集に関すること

2　売春事犯等の取締りに関すること

本章冒頭の違法風俗店摘発でも、売春事件を扱う風紀第二係に加えて、保安情報捜査係も加わり綿密な検挙計画が練られたと保安課幹部は言う。

「違法店舗を摘発するために保安課の各係が連携してあたることが多い。売春関連の情報収集を当該部署の風紀第二係に加えて、保安情報捜査係が入り支援するなど部内の担当が連携することは日常茶飯事だ。人材交流も活発に行われている」

保安課の捜査は摘発対象に動きを察知されてはならない。摘発対象となる組織は捜査側の動きに敏感なだけに、必然的に隠密《おんみつ》裏に捜査を進める「内偵捜査」が中心となる。

■風営法と風俗警察

風俗警察の武器は「風営法」に他ならない。風営法の正式名称は「風俗営業等の規制及び業務の適正化等に関する法律」だ。風適法と呼ぶ警察関係者も多いが一般的な呼称はやはり風営法だ。終戦から3年後の1948年（昭和23年）に施行されている。

風営法は業態ごとの風俗営業の定義や違反した際の罰則など全部で57条から成る。法の精神・目的を示しているのは第一条だ。

第一条　この法律は、善良の風俗と清浄な風俗環境を保持し、及び少年の健全な育成に障害を及ぼす行為を防止するため、風俗営業及び性風俗関連特殊営業等について、営業時間、営業区域等を制限し、及び年少者をこれらの営業所に立ち入らせること等を規制するとともに、風俗営業の健全化に資するため、その業務の適正化を促進する等の措置を講ずることを目的とする。

風俗警察はこの風営法を用いて、違法な風俗営業等を取り締まっている。風俗警察である警視庁生活安全部保安課を指揮・監督しているのが「警察庁生活安全局保安課」である。警察庁は全国の警察本部を指揮監督する司令塔でもある。警察庁生活安全局保安課は、いわば風俗警察の総元締めと言えるだろう。

警察庁生活安全局では風営法の解釈・運用基準を定めている。たとえば前述した風営法の第一条に関しては2016年の通達で全国の警察に対し、以下のように示している。

(注：傍線は筆者)

風俗営業等の規制及び業務の適正化等に関する法律等の解釈運用基準

（平成二十八年二月一日　警察庁生活安全局　通達）

第一　法の目的について（風営法　第一条関係）

1　趣旨

法第一条は、善良の風俗と清浄な風俗環境の保持及び少年の健全な育成に障害を及ぼす行為の防止が法の目的であることを明らかにするとともに、風俗営業は業務の適正化を通じてその健全化を図るべき営業であることを明確にし、風俗営業が適正に営まれている場合でも取締りの対象であるかのような誤解を与えることのないようにしたものである。

2　善良の風俗の保持

「善良の風俗の保持」の「保持」とは、国民の健全な道義観念により人の欲望を基盤とする風俗生活関係を善良の状態に保持することである。

3　清浄な風俗環境の保持

「清浄な風俗環境の保持」の「保持」とは、様々な風俗生活関係から形成される地域の風俗環境その他社会の風俗環境を清浄な状態に保持することである。

4　少年の健全な育成に障害を及ぼす行為の防止

「少年の健全な育成に障害を及ぼす行為」の「防止」とは、発展途上にある少年の心身に有害な影響を与え、その健全な成長を阻害する効果をもたらす行為を防止することである。

警察庁生活安全局のこの通達は、風俗警察が風営法をどう現場レベルで解釈・運用するかを示した「ガイドライン」と呼べるだろう。

■保安課の捜査手法

風俗警察である警視庁保安課の摘発対象は、東京都内で売春、賭博《とばく》、違法な風俗営業を営む者である。つまり、多くの男性がたしなむ「飲む・打つ・買う」の3道楽の全てを捜査対象にしていると言っても過言ではない。飲食店営業に関しての許認可、賭博犯罪の摘発、そして売春の取り締まりがそれぞれ「飲む・打つ・買うへの取り締まり」であり、風俗警察のメインターゲットである。

「風俗警察は風営法を使っていつでも風俗店を摘発することができる。法の適用の匙《さじ》加減ひとつで店の行く末が決まる。風俗警察が違法だと判断したら、それが『基準』となる」

こう話すのは保安課の捜査関係者だ。風俗警察にとって人々の欲望を食い物にする違法な業者を徹底して取り締まるのがミッションである。風俗警察は厳格な基準で、捜査にあたらなくてはならない。

保安課＝風俗警察の事件捜査の事例への取材を元に、ドキュメントタッチで捜査手法に迫っていく。

■事例１　乱交パーティ摘発

きっかけは、警視庁のホームページの「お問い合わせフォーム」に届いた一通のメールだった。

警視庁のホームページは常にアップデートされている。担当しているのは警視庁の広報部門「警視庁総務部広報課広聴係」だ。一方で都民からの告発・告訴、犯罪に関する相談を受け付けるのは一義的には警視庁刑事部捜査二課の附置機関である「聴訴室」だ。週1回の受付日になると、警視庁の副玄関に長蛇の列ができる。時間になると職員が一人一人にプレートを渡して、隣接する控室で待機するよう伝える。予約は不可で先着順のため、1日の定員にはすぐに達してしまう。こうした直接窓口業務以外に警視庁の業務などさまざまな意見を受け付けるため警視庁ではホームページに「苦情・ご要望・ご意見」と題したフォームを設けている。

2017年9月某日。ホームページを管理する広聴係員は、この日もいつも通り、問い合わせフォームのチェックを始めた。数十件にのぼるメールを猛烈なスピードでチェックしていく係員。あるメールに目が留まった。

「乱交パーティでぼろもうけしている野郎はこちら↓」

投稿サイトの画面だろうか。コピーして貼り付けられている。内容にざっと目を通してみると、すでに何度も開催しているような文面である。都内のみならず関西地方でも開催した実績を、ご丁寧にもQ&A方式で回答している。所轄署で刑事課に勤務していたこともある係員は「タレこみだ」と瞬時に悟ったという。この情報は即座に主管課である警視庁生活安全部保安課＝風俗警察に通報された。

■密かに迫る内偵捜査

通報された案件はすぐさま保安課で内偵捜査を専門に扱う「保安情報捜査係」に預けられる形となった。

内偵捜査とは、相手に気付かれることなく捜査を進めて摘発につなげる手法だ。組織犯罪の首謀者に迫るためなど、あらゆる事件の捜査で日常的に用いられる。

捜査は客を募っていたSNSのページを分析するところからスタートした。保安情報捜査係が短文投稿サイトを運営するT社にアカウントの照会依頼をかける。これは捜査協力を要請する形となるが、実際には捜査員が「身上調査・捜査関係事項照会」をかけることになる。

身上調査・捜査関係事項照会とは犯罪の被疑事実を裏付けるため、関係機関に「捜査主任官」（捜査を指揮する警部以上の幹部）名義の照会書類を通知し、戸籍情報や銀行口座番号などいわゆる個人情報の開示を求めるものだ。これに応じない場合、警察当局は裁判所が許可発布する捜査令状を手に強制捜査に踏み切ることもできる。捜査関係者によれば、捜査関係事項照会は「伝家の宝刀でありつつ、内偵捜査のイロハのイ」だという。

捜査関係事項照会によりT社は保安課に対し、主催者のアカウントを開示し通信履歴も提出した。

主催者として浮上したのは、東京都港《みなと》区在住の無職・山田高義容疑者＝仮名＝（31歳）だった。捜査関係者によると、大学卒業後、定職に就かずアルバイト店員などで生活していたが、2014年からパーティを企画・主催していたという。

風俗警察＝警視庁保安課の内偵捜査専門部隊・保安情報捜査係によって、携帯電話、メールなどあらゆる通信履歴の解析、そして山田容疑者への行動確認が開始された。警察内部の用語で、行動確認とは事件対象者を尾行、監視下に置くことを言う。自宅はどこか。誰と接触したか。どこに立ち回っているか。勤務先はどこか。家族構成はどうなっているか。戸籍情報などと併せて、ありとあらゆることが風俗警察によって明らかにされていく。メールが警視庁に届いてから約３カ月。この時点で主催者の男は内偵捜査によってほぼ「丸裸」にされていたのである。

そして内偵捜査で次のステップとなるのが「現場を押さえる」ことだ。「現場を押さえる」とは事件がまさに進行しているところを捜査員が現認（確認）することに他ならない。このケースでは乱交パーティがまさに行われている「現場を押さえ、犯罪行為が実行されていることを確認する」ことが検挙の大前提となる。つまり「現行犯逮捕」するということである。

この現場を押さえる捜査には、保安情報捜査係に加えて売春事犯を取り締まる風俗警察の精鋭集団「風紀第二係」の一個班が投入された。

２０１７年11月19日午後５時。神奈川県内のシティホテルの付近に保安課風紀第二係・保安情報捜査係の捜査員合わせて20人が集結。少し離れた路上に停車された２台の大型バスには警視庁機動隊・一個中隊も完全武装し不測の事態に備えてスタンバイしている。

ホテルの入り口や、各フロアには客の入りを確認する捜査員の姿があった。捜査班では参加予定の客の１人からこの日の開催場所、おおよその人数、人定（素性）をほぼ把握していたのだった。つまり、突入し現場を押さえる準備が整っていた。

山田がホテルに入る様子を確認した捜査員。班長である風紀第二係警部に連絡を入れる。乱交パーティが開かれる部屋に時間差を置いて続々と男女が入っていく。清掃員に扮《ふん》してフロアにいた捜査員からも報告が入る。

「班長、全部で男女11人が入室した模様です」

「了解。まもなく打ち込むぞ。総員配置につかれたい」

班長の無線指令を受令機で聞いていた捜査員が一斉に配置についた。ちなみに「打ち込み」とは「家宅捜索」や「拠点を急襲すること」を指す警察内部の用語だ。

フロント係からマスターキーを預かっていた捜査員がドアロックを解除し静かにドアを開ける。ドアチェーンは幸いにもかかっていなかった。リビングルームへのドアをあけ放つと一斉に15人の捜査員がなだれ込んだ。

「警視庁だ！　動くな！　そのままだぞ」

部屋は薄暗い照明。室内では11人の男女がまさに事に及んでいる最中だったが、一同は警官隊の突然の訪問に啞然《あぜん》としていたという。隣室にいた主催者の山田もすぐさま身柄を確保された。捜査員は裁判所から発布された逮捕状と捜索令状を読み上げる。売春防止法違反、周旋目的誘引の疑いである。山田には手錠がかけられ、腰縄で胴回りを結ばれた。この後、警視庁本部では厳しい取り調べが待っている。室内では証拠保存のための写真撮影が始まっていた。客は首からそれぞれ番号が記されたプラカードを下げるよう命じられ、部屋の床を指さした状態で写真撮影される。客も主催者と同様に売春防止法違反で現行犯逮捕となる。

参加していた女性客には女性捜査員が対応に当たる。立ち合いを終えた客らは次々と捜査車両に連行されていく。山田には現場で簡単な事情聴取も行われた。

保安課によれば、山田は２０１４年５月頃からこのパーティを主催。摘発されるまでに総額約６０００万円の利益を得ていたという。月に平均８回のパーティを関東地方の高級シティホテルで開催していた。男性の参加費用は約３万円で女性の費用は無料だったという。保安課幹部はこうしたパーティは氷山の一角だと説明する。

「警察にも目をつけられない形でのこうしたパーティの開催は年々増加傾向にある。組織犯罪集団の資金源にもなっている可能性もあり、摘発件数はまだまだ実態解明に近づいていない」

客側に罪の意識はほとんど見られなかったという乱交パーティ摘発事件。保安課では引き続き、こうした事案に対する監視を強化していく方針だ。

■事例2　わいせつDVD製造工場殲滅作戦

2017年11月。日本有数の歓楽街、東京・新宿歌舞伎町《かぶきちょう》に保安課・風紀第一係の「わいせつDVD取締班」の姿があった。ラフな私服姿の捜査員もいれば、背広を着こなした会社帰りのサラリーマンに扮した捜査員もいる。取締班の5人の捜査員はそれぞれ間隔をあけながら「店」を一つ一つチェックしていった。店舗はいずれも目立たぬたたずまいだ。捜査員のバッグや、背広のボタンに内蔵されたカメラが店内の様子を漏れなく記録する。

この日は大掛かりな店舗摘発を行うための最終準備段階の「内偵捜査」だ。

その翌日の警視庁本部4階の生活安全部保安課。「風俗警察」トップの保安課長、ナンバー2の理事官級の風俗保安対策官、そして第一風紀担当管理官、風紀第一係の取締班員らが会議室に集結した。この幹部会議で、わいせつDVD取り締まり・殲滅《せんめつ》作戦が最終決定したとみられている。

「警察庁が発破をかけていたこともあり、わいせつDVD摘発は年々減っていた。新宿歌

舞伎町が販売グループの最後の牙城《がじょう》となっていた。殲滅作戦で一気に片を付けようとしていたのは確かだ」（保安課幹部）

わいせつＤＶＤの製造販売は間違いなくブラックな裏稼業である。そして暴力団や反社会的勢力が必ず関わっている。

「わいせつＤＶＤ製造販売には必ず暴力団の息がかかっている。そもそも暴力団にとっても太い資金源だ。ビデオメーカーの修正前の作品を裏流通に乗せて店に卸す。ビデオメーカーも店も暴力団のフロント企業だ。新宿歌舞伎町一帯は都内の老舗暴力団の縄張り。組対《そたい》（暴力団事件等を捜査する警視庁組織犯罪対策部の略称）とも連携して対処してきた」（捜査関係者）

保安課はわいせつＤＶＤ製造販売を徹底して取り締まってきた。都内ではあらゆる場所に製造工場が設けられていたという。筆者がかつて捜査関係者からの情報に基づいて取材したエリアでは、新宿や池袋の雑居ビル内やマンション内が主な工場となっていた。

新宿の拠点は、大久保《おおくぼ》のコリアンタウンから１本裏路地に入った低層マンションの１室だったし、池袋の拠点は住宅街の中の雑居ビルの１室だった。筆者が担当記者として立ち会った家宅捜索が終わると最後に必ず、被疑者が部屋から連行され捜査車両に乗せられていく。いずれも闇社会の住人といった剣呑《けんのん》な雰囲気を漂わせていた。

■歌舞伎町で一斉捜索

一斉検挙当日。保安課・風紀第一係の取締班30人、保安課で特命捜査を請け負う「保安第一係」10人、不測の事態に備えた大型バス2台に分乗した完全武装の警視庁機動隊一個中隊もスタンバイ済みだ。

「総員、捜索・検挙を開始せよ」

第一風紀担当管理官が無線で指示。Pチャンイヤホン（受令専用）を身に着けた全捜査員が一斉に動いた。ターゲットは歌舞伎町にある5つの店舗だ。すでに各店舗前に待機していた10人前後の捜査員と機動隊員が一斉に室内になだれ込む。突然の保安課＝風俗警察の急襲に、事件関係者は身動きできず「フリーズ」した。班長が令状を読み上げ提示。その後は捜査員の手で現場保存と証拠品押収、事件関係者の身柄拘束が速やかに進んでいく。

この日、風俗警察＝警視庁保安課は、わいせつ電磁的記録媒体頒布などの疑いでＤＶＤ販売店の5つの店舗の従業員計17人を逮捕。無修正のわいせつＤＶＤ計約57万９０００枚を押収した。保安課によると、一度のＤＶＤ押収量としては過去最多の量だという。

主犯格は47歳の無職の男。捜査関係者によると暴力団組員ではないが共生者とみられるという。５つの店舗にはこうした経歴の従業員が在籍。全て男性で22歳から最高齢で79歳もいた。主犯格の男の供述によると、５店舗は２０１４年頃から営業を始めていて店ごとの１カ月の売り上げは１２００万円ほどだったという。主犯格の男は「生活費を稼ぐためにやっていた」などと供述し容疑を認めた。

保安課ではこの売上金が暴力団に流れていたとみて実態解明を進めている。

■癒着の土壌

所轄警察署では「生活安全課」が風俗警察の任務にあたることになる。警視庁の所轄署は都内の地域ごとに分けられ１０２署が設けられており、地域の「よろず相談所」でもある。必然的に区民・市民の相談のほとんどがまず、生活安全課に持ち込まれることになっている。警視庁本部では保安課が主管課として担っている分掌事務だが、所轄署では本部よりはるかに少ない人員で保安課の業務と他課の業務も兼ねることになる。

「生活安全課は各署に当然置かれているが、交番を受け持つ地域課に次いで多忙なセクション。よろず相談所というのは大げさな表現ではない。夫婦喧嘩《げんか》や私的なトラブルなど本当に警察の介入が必要かと思われるものまで回ってくる。本業でもやることは山のようにあるので、いろいろな案件を同時に抱えている状態だ」（所轄警察署員）

都内の各エリアは大小の差はあれ必ず繁華街を抱えている。一部の飲食店やパチンコ店も都公安委員会への届け出が必要となっているが、実際に店への査察等を行うのは所轄警察署だ。

警視庁警察署の生活安全課が舞台となった不祥事がかつてあった。警視庁の歴史の中でも汚点を残したとされる1991年に起こった贈収賄事件「赤坂事件」である。当時を知る警視庁OBが説明する。

「赤坂警察署の生活安全課の巡査部長ら3人が捜査情報提供の見返りにわいろ400万円を受け取ったんだ。自ら地元のカジノ店に見返りを求めた。とんでもない不祥事だった」

風俗業者との癒着。実は警視庁保安課＝所轄署生活安全課＝風俗警察は業者との癒着の危険が隣り合わせのセクションでもある。所轄の生活安全課員は風俗店に査察に入ることが義務付けられている。警察官に与えられた役割なら「監視役」といったところだろう。

しかし、ここに癒着が生まれることもあるという。

「その人物の同僚から聞いた話だが、ある所轄の生活安全課員が風俗店でのタダプレーをサービスで提供され、はまってしまい今度は自分から要求するようになった。今でもその捜査員は所轄で同様の行為をしている」（警視庁所轄署員）

風俗警察に関わる刑事には罠《わな》が仕掛けられることもある。

「マル暴刑事が暴力団員と近づきすぎて取り込まれることがある。保安課や生活安全課に関わる刑事たちにも同様のことがある。罠に陥れようと風俗業者がとにかく取り込もうとするんだ。金、酒、異性。それらを徹底的に貢いで刑事たちを落としにかかる。落ちてしまった刑事たちはそこからが地獄だ。刑事罰にも問われるし、相手方に弱みを握られる。警察官としても不適格者として職を追われる。風俗業者の用心棒になってしまう元刑事もいるくらいだ」

警視庁内部の不祥事を取り締まる「警務部人事一課監察係」でも保安課や生活安全課の風俗警察に関わる刑事たちに対して、常に監視の目を光らせている。

「誘惑が多い担当部門だけに、風俗警察の刑事は自らを厳しく律する古武士の精神で臨まなければならない。監察としても抜き打ちでの調査など所轄の警務課を通じた情報を加味

し不祥事があった場合は厳正に対処することにしている」(監察関係者)
懐に入らなければ真の情報が手に入らない。そう主張する刑事もいるが癒着と捜査のぎりぎりの境目のところで日々闘っているのが風俗警察の刑事たちなのだ。

■常習性を特定し検挙

「キャバクラのしつこい客引きがいる――」

東京都台東区上野《うえの》2丁目の繁華街周辺で執拗《しつよう》に通行人に来店を迫る客引きについての複数の情報が、警視庁保安課の初動捜査専門部署である保安情報捜査係に入ってきたのは2017年8月のことだった。

プロローグでも紹介したが、都内でも店に誘うための路上での客引き行為は「東京都迷惑防止条例」で禁止されている。都迷惑防止条例は正式名称を「公衆に著しく迷惑をかける暴力的不良行為等の防止に関する条例」という。昭和37年に制定され、時代の要請に応じてこれまでに数度改正されている。最近の改正は平成30年3月だ。客引きについては以下のように定められている。

（不当な客引行為等の禁止）

第7条　何人も、公共の場所において、不特定の者に対し、次に掲げる行為をしてはならない。

1、わいせつな見せ物、物品若しくは行為又はこれらを仮装したものの観覧、販売又は提供について、客引きをし、又は人に呼び掛け、若しくはビラその他の文書図画を配布し、若しくは提示して客を誘引すること。

2、売春類似行為をするため、公衆の目に触れるような方法で、客引きをし、又は客待ちをすること。

3、異性による接待をして酒類を伴う飲食をさせる行為又はこれを仮装したものの提供について、客引きをし、又は人に呼び掛け、若しくはビラその他の文書図画を配布し、若しくは提示して客を誘引すること（客の誘引にあっては、当該誘引に係る異性による接待が性的好奇心をそそるために人の通常衣服で隠されている下着又は身体に接触し、又は接触させる卑わいな接待である場合に限る）。

4、前3号に掲げるもののほか、人の身体又は衣服をとらえ、所持品を取りあげ、進

路に立ちふさがり、身辺につきまとう等執ように客引きをすること。

そしてこれらについて現認した警察官は条例にもとづいて「中止命令」を出すことができることも定められている。条例違反の罰則は罰金・拘留もしくは科料となる。

2017年8月某日。早速、保安情報捜査係による内偵捜査が始まった。酔客を装い、当該の上野の繁華街を視察する。裏通りに入ると飲食店がひしめくエリアがある。ラフな服装の客引きたちがそこかしこにいるのが発見できた。サラリーマン風の中年男性に声をかけている1人をマークする。捜査員が手にするショルダーバッグにはビデオカメラが内蔵されている。客引きはサラリーマン風男性に30メートルほど付きまとっていた。やや距離を置きながら捜査員は一部始終を撮影する。声を掛けられた客に歩み寄る捜査員。警察手帳を示し、客引きに声を掛けられた経緯などを聴く。この日以外にも数日間捜査員らの行動確認、調査が続けられた。

そして2017年10月。台東区内にある警視庁保安課・西浅草《にしあさくさ》分室。大会議室には客引きの一斉検挙に向かうため、保安情報捜査係、保安第一係、査察係の計40人の捜査員が動員された。指揮官の保安情報捜査係長が訓示する。

「今回の客引きの一斉検挙は警視庁保安課の捜査史上、画期的なものです。客引きの常習性を特定する初のケースとなります。受傷事故等が無いよう気を引き締めて検挙に当たられたい」

客引きの常習性。警視庁保安課では、しつこく何度も声を掛けて繰り返し客を誘う行為を「常習性が高い客引き」と判断し取り締まりを強化することにしたのだった。

その日の夜。捜査員たちは上野の繁華街で客引きを一斉に急襲。その後、通行人に対ししつこく客引き行為をした都迷惑防止条例違反の疑いで33歳の無職の男ら３人を逮捕した。客引きの常習性を特定し逮捕に踏み切ったのは全国で初めてのケースとなった。保安課によると、客引きの男らは、周辺の複数の店舗と契約を結んでいた。店に連れて行った客が払った金額の20％から30％を報酬として受け取っていたという。金額にすると１人当たり月平均50万から60万円ほども稼いでいた。33歳の男は保安課の調べに対し「週に２回くらい『キャバクラやってます』と声を掛け続けるだけで昼の仕事１カ月分の給料を稼げた。時間が有効に使えたのも良かった」と供述している。

保安課幹部が説明する。

「たかが客引きと侮るなかれ。客引きで店に連れてこられた客は同時にぼったくりの被害に遭うことも多いんだ。つまり客引きをする店はぼったくりもやるとみている。客引きの徹底検挙が健全な社交場を作るんだ」

風俗警察はきょうも都内の繁華街で悪質な客引き検挙を続けている。

ここまで、現代の風俗警察について触れてきたが、次章では風俗警察の取り締まりの歴史を振り返っていく。

第2章　風俗取り締まりの歴史

■囲い込みから始まった政策

ある風俗研究者によれば、世界中で最も古くからある職業は売春婦だという。日本でも古くは江戸時代中期から街中の一角に高い塀で囲われた「遊郭」が設けられ、いわゆる「花魁《おいらん》」や「傾城《けいせい》」たちが客を取っていた。買いたい大人の客が、遊郭に足を踏み入れる。花魁たちは外に出ることはできない。客以外の男性や婦女子、子どもは基本的には遊郭の中に入れない。風俗警察はこの隔離された遊郭を監視する立場にあった。「遊郭の形式」が現代も続く、風俗営業政策の基本になっていることは間違いない。

遊郭のスタイルはこうだ。遊郭は都市の一角に一定の区画を設けることから始まる。そしてそこで売買春に関わる店や女性を募集する。遠すぎれば客足に影響が出るし、近すぎれば街に悪影響を及ぼす。つまり風俗環境が悪化するため、遊郭は都市のはずれに設けられているのである。江戸の中心部のはずれにあった「吉原《よしわら》」はさらに郊外に移され、現在の台東区千束《せんぞく》周辺が吉原となる。吉原の遊郭の外周は強固な柵《さく》で覆われ、外からは見えないようになっていた。そして入り口は「大門」の1カ所に限定され、門番によって出入りが厳しく監視された。

管理するのは当時の江戸幕府である。幕府にとっても遊郭として囲い込むことで売春宿を1カ所に集め、取り締まりもしやすくなるというメリットもあったようだ。このように遊郭を設けて、娼婦《しょうふ》を1カ所に集めることは「集娼《しゅうしょう》」と呼ばれている。

一方、街中の至る所に街娼が立っているような状態は「散娼《さんしょう》」と呼ばれていた。江戸を経て明治時代に入っても、この「集娼方式」は継承していく。売買春の監視業務は国があたるのではなく、各地方の警察本部の「地元風俗警察」があたるべきと主張し、流れを作ったのは警視庁の初代警視総監・川路利良《かわじとしよし》大警視であった。囲い込んで監視し、一般世間から隔離する。この政策が現代まで生き続けることになるのである。

■「性の防波堤」と風俗営業

第2次世界大戦後、日本はGHQの占領政策の元、復興へと歩んでいく。風俗営業もその波に乗り復興を果たしていく。中心となったのは特殊慰安施設協会・RAA（Recreation and Amusement Association）である。RAAは占領軍の兵士に向けた慰安施設を管理監督する団体だった。兵士たちが日本国内の女性とトラブルを起こすにちがいないと判断した、時の政府が設置に動いたのだった。

日本の無条件降伏のわずか3日後。1945年8月18日に風俗警察である警視庁保安課は、花柳界の代表者たちを集めて慰安施設の開業に向けての話し合いを早速行う。時を同じくして国家地方警察本部・警保局長から各庁府県長官に宛てて通達がなされた。

題名は「外国軍駐屯地における慰安施設について」であった。

一、外国軍駐屯地に対する営業行為は一定の区域を限定して従来の取締標準にかかわらず之を許可するものとす。

二、前項の区域は警察署長に於いて之を設定するものとし、日本人の施設利用は之を禁止するものとす。

三、警察署長は左の営業に付いては積極的に指導を行い設備の急速充実を図るものとす。

性的慰安施設

飲食施設

娯楽場

四、営業に必要なる婦女子は芸妓、公私娼妓、女給、酌婦、常習密売淫犯者等を優先的に之に充足するものとす。

この通達に従い、風俗警察が主導する形で慰安施設造りと女性集めが行われた。株式会社特殊慰安施設協会は１９４５年8月26日、警視庁によって認可される。ＲＡＡの事業は拡大の一途を辿《たど》る。慰安施設、キャバレー、料亭、ダンスホールが次々と造られ、米兵を客として迎え入れていった。風俗業界は潤い、戦後復興の躍動力の一端を担うまでになっていく。まさに風俗に携わる女性たちが占領軍から一般婦女子を守る「性の防波堤」となっていたのである。しかしその後、街中に「街娼」が出現し始める。それと同時に性病が蔓延《まんえん》し始めるのだった。「オフリミット（立ち入り禁止）」と表記された看板が街中の娼家に掲げられるようになる。そして１９４６年3月10日。ＧＨＱはついにＲＡＡ20カ所を閉鎖する。風俗業界は占領軍向けから国内向けにシフトしていく。それを後押しするように、風俗警察が遊郭を「特殊飲食店」として衣替えさせ営業をすることを黙認する。

見かけ上の転業であったが、多くの店では売買春が行われていたという。街娼は徹底して取り締まられる一方で、特殊飲食店での「私娼」は「客と従業員との自由恋愛」という形が取られたのだった。事実上の公娼廃止であった。

■赤線の設置

いわゆる「赤線」の設置が決まったのは1946年（昭和21年）11月4日の政府事務次官会議による合議の結果だった。

「私娼の取締り並びに発生の防止及び保護対策」（事務次官等会議決定）

・売淫を成し又は売淫の媒介もしくは売淫のために部屋を供与することはこれを禁ずること

（備考）社会上やむを得ない悪として生ずるこの種の行為については、特殊飲食店を指定して警察の特別の取締りに付させ、かつ特殊飲食店等は風致上支障のない地域に限定して集団的に認めるよう措置すること

・特殊飲食店等の地域においても、接客に従事する婦女は女給等の正業を持たなければならないものとする

（備考）公娼の廃止後においては従来の貸座敷のような業態は認め難いこと

この会議決定事項を受けて、風俗取り締まりに関する通達が出され、特殊飲食店を集めた地域は地図上で赤く囲われた。これが赤線である。囲い込む政策は存続されたものの、依然として性風俗犯罪は減ることはなかった。また、取り締まりについても所管が警察以外の省庁にも拡がり、包括的な取締法の必要性が叫ばれていた。必然的に政府は「風俗営業取締法」の制定を画策し始める。

■「売春営業黙認」の流れに

１９４８年５月の戦後、第２回国会。ここで「風俗営業取締法」の議論が進むことになる。前年の１９４７年の12月末をもって、戦前の法令が全て失効していて、すでに風俗営業取り締まりに「空白」が生じてしまっていた。当時、衆議院治安および地方制度委員会では議員と風俗警察の担当者による議論が交わされている。

（社会党議員）風営法の目的が風俗営業所内での売買春・博打の取締りを行うことはわかるが、特殊飲食店として料理店や喫茶店に衣替えしただけで実際に売買春が行われているのが実態ではないのか。これは取締りの対象になるのか。

（国家地方警察本部　間狩信義警視）
カフェーなどの特殊飲食店としての営業実態は形式的に「密売淫」と解釈することができます。しかしこの問題は沿革の非常に古い問題でもあり、また将来をいかにするかということも実に重大な問題でありますので、現在までのところ暗黙にそれを認めている。かような状態できているわけでございます。その売淫の問題につきましては、結局従来の考え方は、この地球上からそういうものを根絶するというわけにはどうしても参りませんので、ある一定の地域にそれを限定いたしまして、そこだけに許して、他の全国一般の地域にさような風俗的に好ましくない事柄がどこでも行われるというようなことを絶対になくしていこうということが、従来の風俗取締りの根本的な方針としてきておったのであります。（中略）
現在私どもの考えといたしましては、従来の我が国の方針をそのまま堅持するというわけには、新しい時代の流れからしてできないかと思いますが、しかしまた一挙にしてああいう地帯を壊滅させてしまうということも、これまた行過ぎでないか。結局一つの新しい方向の理想を目指して、漸進的に改善をはかっていくというような方向に今進んでいくよりほかないのではないかというふうに、現在のところ私どもとしては考えております。

こうした議論を経て、1948年5月22日に内閣から衆議院に提出された法案は、1カ月後の6月29日の衆院本会議で可決、成立している（7月10日公布・9月1日施行）。風俗警察も運用上の留意事項を通達している。そして風俗営業取締法では、以下の3つの業態が規制された。

第一条　この法律で、風俗営業とは、左の各号の一に該当する営業をいう。
一　待合、料理店、カフェーその他客席で客の接待をして客に遊興または飲食をさせる営業
二　キャバレー、ダンスホールその他設備を設けて客にダンスをさせる営業

三　玉突場、まあじゃん屋その他設備を設けて客に射幸心をそそる虞のある遊技をさせる営業

公娼制度は正式に廃止されるが、その後の国会審議で売買春を直接取り締まる法令は整備されることがなかった。風俗警察は「囲い込み政策」を維持しつつ、事実上の売春黙認の姿勢（＝売春行為を直接取り締まる法律が存在しないこと）は今日まで貫かれることになる。

風営法は２０１５年の改正までに少なくとも30回ほどの改正がなされている。風営法は風俗警察の武器として、時代の空気を取り入れながら変化し続けていったのだ。

■他部署とも連携して対処

その歴史から見ても女性がらみのトラブルが多発する風俗業界。とりわけ性風俗業界では立場の弱い少女や外国人女性が標的となるケースが多い。風俗警察である警視庁保安課では、こうした立場の弱い女性たちを事件から守るため、また少しでも被害を減らすべく

警視庁の他部署とも緊密に連携している。

性風俗店を営業面から監視し、違法行為があれば摘発しているのは保安課だが、生活安全部少年育成課はまさに10代の少女が絡む「JK（＝女子高生）ビジネス」の事件捜査や「サイバー補導」を実際に行っている。警視庁組織規則によると、少年育成課の分掌事務は次のようなものとなる。

第45条　少年育成課の分掌事務は、次のとおりとする。
(1) 少年警察の運営の企画、調査及び指導（他の分掌に属するものを除く。）に関すること。
(2) 少年の規範意識の醸成に関すること。
(3) 少年に有害な環境の浄化に関すること。
(4) 少年に対する暴力団の影響の排除に関すること。
(5) ぐ犯少年及び不良行為少年の補導に関すること。
(6) インターネット異性紹介事業を利用して児童を誘引する行為の規制等に関する法律（平成15年法律第83号）に関すること。

（7）特定異性接客営業等の規制に関する条例（平成29年東京都条例第30号）に関すること。
（8）少年相談に関すること。
（9）犯罪その他少年の健全育成を阻害する行為に係る被害少年の保護に関すること。
（10）少年の福祉を害する犯罪の取締りに関すること。
（11）他の分掌に属しない少年警察に関すること。

分掌事務で言えば、（3）と（7）がJKビジネス捜査、（6）がサイバー補導となる。

■規制条例で初摘発

2017年10月。都内の路上で1人の男が複数のスーツ姿の捜査員に取り囲まれていた。

「鈴木だな。店の経営に関することで逮捕状が出ている」

捜査班長である警部が告げ、東京都条例違反容疑の逮捕状を執行する。男は抵抗する様子も見せず、その場で手錠がかけられ捜査車両に連行された。警視庁生活安全部少年育成課はこの日、JKビジネスを規制する東京都条例（特定異性接客営業等の規制に関する条例）を初適用して店の経営者・鈴木三郎容疑者（27歳）＝仮名＝を逮捕した。

「JKビジネス」とは、女子高生らの親密なサービスを売りに男性を接客する業態だ。

警察庁は2017年、初となる実態調査を実施している。調査ではJKビジネスについては、少女らが接客することを明示していたり、接客時に制服や体操着を着用していたりしていることなどと定義。「JK」「高校生」「スクール水着」といった文字や絵を店の名称や広告宣伝に用いている店も対象とし、都道府県警ごとに把握して分析した。その結果、所在地は東京の78店が最も多く、これに大阪の28店が続き、両者で全体の93％にのぼっている。他の地域では愛知と宮城が各3店、神奈川と静岡が各1店という結果だった。

営業形態は店舗型が72店。このうち半数以上の43店が東京にあった。地域の内訳では秋《あき》葉《は》原《ばら》が14店、新宿が9店、池袋が7店などだった。無店舗型は全国に42店。

主なサービス形態では、最多のリフレ（リフレクソロジー）が81店だったほか、マジックミラー越しに姿を見せるなど鑑賞型の「見学、作業所、撮影」が11店、食べ物や飲み物を提供しながら接客する飲食遊興型の「喫茶」が10店、客とデートする同伴型の「散歩」と一緒にゲームなどをする接待型の「コミュ」が各2店あった。ほかに、水着や下着姿で接客するガールズ居酒屋が3店、ショットバー形式のガールズバーも5店。全体のうち50店については、リフレと散歩など、複数のサービスを提供する複合型の営業をしていた。

東京都の規制条例は、店名などに女子高生らの接客を連想させる「JK」や「学園」などの文字が含まれたり、制服や体操着で接客したりする店を「特定異性接客営業」と指定し、18歳未満の接客を禁止している。営業形態はマッサージや添い寝をする「リフレ」、客と一緒に街を歩く「散歩」など5つに分類した。メイド喫茶は規制対象外となっている。店には都公安委員会への届け出や従業員の年齢確認ができる名簿の常備を義務化し、警察官の立ち入りも可能にした。

■JKビジネスの実態

条例を初適用し、店を経営していた男を逮捕した警視庁少年育成課。鈴木容疑者は営業所を設けない無店舗型の店を経営。池袋で男性客に少女と一緒に散歩するなどのサービスを提供していた。調べに対し「お散歩目的で少女を派遣していたことに間違いありません」と容疑を認めている。

店は２０１７年７月から営業し、約５００万円を売り上げていた。女性従業員56人のうち、18歳未満の女子高生らが少なくとも計５人いた。料金は60分７０００円などで、全て鈴木容疑者が回収しており、少女らは「裏オプション」と呼ばれる性的サービスをしなければ給料がもらえない仕組みになっていた。

そもそもの逮捕容疑は２０１７年10月８日、18歳未満にもかかわらず、年齢を確認せずに高校３年生の少女（17歳）を雇い業務をさせた疑いだった。少年育成課によると、少女は散歩で同伴した客（45歳）から現金３万円を受け取り、池袋のホテルでわいせつな行為をしていたことも判明している。

■サイバー補導の推進

一方、警視庁生活安全部少年育成課でサイバー補導に当たっているのは「福祉犯第一・第二・第三係」だ。福祉犯とは警察用語であるが、少年少女の心身に有害な影響を与え、福祉を害する犯罪を指す。具体的には児童買春・児童ポルノ禁止法違反、児童福祉法違反（児童に淫行《いんこう》させる行為等）、労働基準法違反（年少者の危険有害業務等）などが挙げられる。福祉犯係は「少年の福祉を害する犯罪を取り締まること」が担当業務となる。その具体的手法のひとつがサイバー補導である。

サイバー補導は静岡県警が２００９年から独自の取り組みとして実施したのが始まりだ。全国警察の司令塔である警察庁は全国警察での必要性を認識し、２０１３年10月10日に「サイバー補導の推進について」との警察庁生活安全局少年課長通達を出している。そして10月25日より全国警察でサイバー補導が実施されている。

急速に普及しているスマートフォンは中学生・高校生の必須アイテムでもある。インターネットも利用できるスマートフォンではネットを媒介とした少年事件が後を絶たない。

「割り切りで優しくて楽しく会える人募集・・・確実に会える人だとうれしいな・・・車：持ってないので迎えに来てくれるひとがよいぽっちゃりです」

警視庁が確認した、実際のインターネット上の交友掲示板での16歳少女による書き込みの実例である。こうした書き込みはＳＮＳなどにもあふれているのが現状だ。ネット上のこうしたやりとりに目を光らせることからサイバー補導が開始される。まずは、第１段階としての「サイバーパトロール」である。サイバー補導の対象となる書き込みについては、インターネット異性紹介事業を利用して児童を誘引する行為の規制等に関する法律（通称・出会い系サイト規制法）に規定する禁止誘引行為、及び売春防止法違反容疑以外のもので、児童と思われる者による書き込みである。捜査員が書き込みを発見すると、対象者として交信作業を行う。そして実際に接触するのだ。待ち合わせ場所に現れた少女に捜査員が声を掛ける。交信相手と認識した段階で、捜査員がサインを出す。すると周辺の通行人等に偽装変装していた別の捜査員たちが一斉に取り囲む。こうしたフォーメーションは、対象者が狼狽《ろうばい》して現場から逃げようとするケースや、美人局の方法で捜査員から現金を詐取しようとして、犯行グループに反撃されるのを防ぐためのものだという。接触した対象者は事情聴取され、スマホは押収。分析が進められ、対象者の背後にいる首謀者の特定を進めていくことになる。

警察庁のまとめによると、コミュニティサイト（SNS、プロフィールサイト等、ウェブサイト内で多数人とコミュニケーションが取れるウェブサイト等のうち、出会い系サイトを抜いたものの総称）に起因して犯罪被害に遭った児童数は、2016年中、1736人で過去最多となっている。警察当局の対策としては、サイト事業者の規模や提供しているサービスに応じて、投稿内容の確認をはじめとするサイト内監視の強化や実効性あるゾーニング（サイト内において悪意ある大人を児童に近づかせないように、使用年齢情報を活用し、大人と児童の間のやりとりや検索を制限すること）の導入に向けた働きかけを推進している。また無届け等の悪質な出会い系サイト事業者や、出会い系サイトで禁止誘引行為を行ったものに対する取り締まりを徹底している。

■人身取引に機動的に対処

風俗警察＝警視庁保安課では、捜査の過程で「人身安全関連事案総合対策本部」とも連携している。警視庁組織規則によると、人身安全本部の担当業務は「人身安全関連事案の諸対策に関する運営の企画及び総合調整に当たる」となっている。人身安全本部は、副総監が本部長を務め、警視正の副本部長以下、刑事部・生活安全部出身の精鋭が集められている。所属する捜査員は総勢170名で、人身取引に関わる急訴事案などに機動的に対処できる態勢が整えられている。

金銭の搾取を目的に女性らに売春や労働を強要する人身取引で、全国の警察が2017

年１年間に摘発したのは46件（前年比2件増）、30人（同16人減）だったことが警察庁のまとめでわかっている。被害者は42人（同４人減）で、この中にはアダルトビデオ（AV）出演強要の被害に遭った18歳の女子高生15人も含まれている。日本人は最多を更新する28人だった。

摘発したのは警視庁など10都府県警。保護した被害者は日本人のほか、タイ人７人、フィリピン人５人など。20歳未満が59・5％となる25人で、20代の11人と合わせ全体の80％以上を占めた。最年少は神奈川県川崎《かわさき》市のマッサージ店で働かされた12歳の小６女児だった。全体の被害者の中には、男性も１人いた。AV出演強要では、大阪府警が２０１７年６月、強要などの疑いでDVD販売サイト運営者を再逮捕。インターネットでモデルを募集し、少女らにAVに出演するとの契約を強制していたという。

外国人の被害では、ホステスとしての稼働や風俗店での強制的な売春などのケースが目立った。日本人の場合は、会員制交流サイト（SNS）を通じて知り合った相手から、売春などの性的搾取の被害に遭っていた。摘発者の30人については日本人が25人。職業別では風俗店関係者が16人と最も多かった。

人身安全本部は、少年少女の行方不明事案の追跡捜査も行う。座間《ざま》市で９人が殺害され、死体が遺棄された事件でも、刑事部捜査一課や機動捜査隊とともに人身安全本部の捜査員も裏付け捜査にあたっている。

■JKビジネス規制条例　施行後の現状は？

女子高生との添い寝や散歩といった「JKビジネス」を規制する条例が東京都で施行され、2018年7月1日で1年が経過した。営業に行政のチェックが入るようになり、接客サービスが禁止された18歳未満の少女の姿は表向き店から消えた。ただ、無届けのまま水面下で営業を続け、ツイッターなど会員制交流サイト（SNS）などを通じて勧誘した少女に性的サービスを強要するケースは後を絶たない。

「18歳未満の従業員に性交をさせている──」

匿名の通報をもとに、警視庁の捜査員がサイバーパトロールで「美少女リフレ」をうたう派遣型サービスのブログを開くと、幼さの残る女性の顔写真が飛び込んでくる。

料金は30分6000円で性的な行為を思わせる記載はない。しかし捜査員は、女性の若さ、下着姿の写真などから、性的なサービスを別料金で提供する「裏オプション」の存在を感じ取ったという。

店は無届けで、男性客が少女にわいせつな行為をしていたことが捜査で判明する。その後、警視庁は自称経営者の男を児童福祉法違反容疑で逮捕した。

警視庁によると、JKビジネス店は２０１７年５月には１４０の店があったが、２０１８年５月末時点で営業を届け出ている店は37だった。警視庁は届け出店への立ち入り調査で従業員名簿の不備などを把握した場合、是正を促している。

捜査関係者は規制条例で店舗の増加やサービスの過激化に一定の歯止めはかかったとの見方を示す一方、「課題は水面下に潜った無届け店の取り締まりだ」と嘆息する。こうした店では、18歳未満の少女に性交をさせるなどの違法行為をしている可能性が高く、主にインターネット上で客を集めているとされる。風俗警察と事業者の攻防は続く。

第3章　賭博犯罪を摘発せよ

■賭博とは何か

賭博《とばく》は刑法に規定された犯罪行為である。賭博犯捜査は警視庁では、風俗警察＝生活安全部保安課保安第一係が担当している。

刑法１８５条、１８６条には賭博犯罪について明記されている。

第一八五条（賭博）
賭博をした者は、五十万円以下の罰金又は科料に処する。ただし、一時の娯楽に供する物を賭けたにとどまるときは、この限りではない。

第一八六条（常習賭博及び賭博場開張等図利）
常習として賭博をした者は、三年以下の懲役に処する。
2　賭博場を開張し、または博徒を結合して利益を図った者は、三月以上五年以下の懲役に処する。

賭博とは、賭事《とじ》と博戯《ばくぎ》の二つを合わせた言葉である。

賭事と博戯の違いは、賭《か》ける側の人間が、賭ける対象となる勝負事の結果に当事者として関与できるか否かである。

●賭事→勝負事の結果に参加者が関与できないもの。
●博戯→勝負事の結果に参加者が関与できるもの。

公営競技、野球賭博、宝くじ、ルーレット、バカラなどは賭事であり、賭け麻雀、賭けゴルフ、賭けポーカーなどは博戯である。

賭博罪が成立するためには、当事者双方が危険を負担すること、つまり、当事者双方が損をするリスクを負うものであることを要する。従って、パーティなどでよく行われる無料のビンゴのような、当事者の一方が景品を用意するだけで片方は負けても損をしない場合には賭博には当たらない。判例（最高裁判例・昭和23年7月8日刑集2巻8号822頁）によれば、賭博罪は挙動犯であり、財物を賭けて勝者に交付することを予約するだけで既遂に達する。具体的には、賭銭を場に出し、花札を配布すれば、たとえそれが親を決めるためであっても既遂となる。「一時の娯楽の供する物」とは関係者が一時の娯楽のために消費する物をいう（大判・昭和4年2月18日法律新聞2970号9頁）。具体的には、缶ジュースや食事などが挙げられる。またこれらの物について費用を負担させるために金銭を支出させた場合、賭博罪を構成しない（大判・大正2年11月19日刑録19輯1253頁）。

常習賭博とは判例・通説によると、賭博を反復累行する習癖ある者を指し、必ずしも博徒又は遊人に限られない（最判・昭和23年7月29日刑集2巻6号1067頁）。常習かどうかは賭博行為の内容、賭けた金額、賭博行為の回数、前科前歴の有無などを総合的に判断して決められる。

賭博場開張図利の開張とは「宣伝」の意味である。電話やメールによる野球賭博が具体例である（最決・昭和48年2月28日刑集27巻1号68頁）。また、賭博場開張行為は賭博罪のほう助行為にもあたる。

■賭場の存在

時代劇などで「丁か半か！」という博打のシーンを読者の皆さんもご覧になったことが

あるだろう。この「丁半博打」が開かれるのが「賭場」である。関係者などの証言を総合すると賭場とは、賭博を行う場所のことを指す。盆中《ぼんなか》、盆、場、敷《しき》、鉄火場《てっかば》とも言う。賭場を開帳することを「盆を敷く」「場が立つ」とも言う。常設賭場のことを「常盆《じょうぼん》」、１日と６日というように日を定めて開帳する賭場を「約盆《やくぼん》」、関係者に回状をまわして臨時で賭場を開帳することを「花会」「内会《ないがい》」「手合博奕《ばくえき》」「手配博奕」、博徒の通夜・葬式後に催される供養花会のことを「慰み」と呼ぶ。大規模な盆中は「大会《おおがい》」「大博《おおばく》」とも呼ばれる。

丁半博打などで用いられる賭場は、「坊主」と呼ばれる縁のない畳を木綿の白い布で覆って、「鎹《かすがい》」と呼ばれる鋲《びょう》で固定して作られる。当然、部屋の広さや参加人数に応じて変化するが、２畳半敷きが標準サイズとされている。周囲に座布団を敷き、間に灰皿を置く。親の席の背後に三曲一隻の屏風《びょうぶ》を設置して、電球の傘にボール紙や和紙、新聞紙などを巻いて低く下げ、スポットライトにしている。

かつて日本最大の賭場が大阪で摘発されたことがある。警察関係者への取材に基づくと次のような派手な逮捕劇だったという。

今から８年前の２０１０年10月６日。簡易宿泊所が多く建ち並ぶ「ナニワの西成《にしなり》」が騒然となった。一角に派手な爆音が突然こだましたからである。

「突入！」

頑丈な鉄製ドアが爆破された後、指揮官の合図で大阪府警捜査一課特殊班、捜査四課、保安課、そして警備部機動隊の総勢３００人の警察官が日本最大規模の賭場とされる、通称「ドーム」になだれ込む。

「動くな！　そのまま。両手を挙げろ！」

指揮官の怒号に、店内の空気が一瞬にして凍り付く。マンション3棟の1階部分を連結した、３００人を収容できる広さの店内には20台以上のテレビモニター、ヤミ券売り場のテーブル、客が寛《くつろ》ぐソファが並べられている。画面には公営の競艇や競輪の番組が映し出されていた。間違いなく「ノミ行為」の現場である。この日、大阪府警捜査四課・保安課は、大阪市西成区萩之《はぎの》茶屋《ちゃや》3丁目にある賭博場「ドーム」を捜索し、胴元の暴力団組員を含む従業員ら7人と客の3人の男女、合わせて10人を逮捕した。逮捕容疑となったのはノミ行為を摘発する「モーターボート競走法違反」「自転車競技法違反」容疑だった。本来ならば公営競技のルールで運営されるべき競輪・競艇をこの室内で行っていた。レースを中継し金を賭けさせ、「テラ銭」と呼ばれる手数料を集めて賭博を開帳したのだった。

■暴力団の関与

派手な逮捕・捜索から1週間後の2010年10月13日。大阪府警の捜査車両に1人の男が捜査員に両脇を挟まれ連行されていった。この日、府警捜査四課はモーターボート競走法違反などの容疑で指定暴力団二次団体の幹部の男（39歳）を新たに逮捕していた。摘発された「ドーム」と呼ばれる賭場で、実質的現場責任者だったのがこの男だったのだ。府警によると、賭場は1カ月で1億5000万円から1億8000万円を売り上げており、暴力団組員が支配する賭場から多額の資金が暴力団に流れていた構図が明らかになった。

賭場ではいわゆるノミ行為が行われていた。公営の競艇、競輪、競馬などのヤミ券が最低200円から売られていて、公営と同じ配当で賭博が行われていた。食べ物が無料で振る舞われ、周辺の簡易宿泊所に住む生活保護受給者の客が多かったとされていた。

賭博犯捜査は風俗警察である生活安全部保安課以外に、暴力団捜査を行う組織犯罪対策部が当たることもある。大阪の事案のように、胴元に暴力団が関与している場合などは、賭博事件を端緒にして組織の上部の関与をさらに追及していく「突き上げ捜査」を行うのだ。

■野球賭博事件の衝撃

野球賭博も賭博犯罪のひとつである。２０１６年にはプロ野球巨人軍の選手が関わった野球賭博事件が注目を集め、元投手らや胴元の暴力団関係者が逮捕される事態にまで発展した。この野球賭博事件では逮捕された元投手以外にも複数の選手が関わっていて「野球賭博が球界を浸食」とメディアがこぞって伝えたほどだった。

野球賭博は胴元がAチームとBチームの対戦でどちらが勝つか、１万円単位で客に張らせるものだ。客・甲がAチームに勝ちに１万円、客・乙がBチームの勝ちに１万円賭けて、実際はAチームが勝ったとする。勝った甲には１万円ではなく、胴元が１万円の１割に当たる１０００円をテラ銭として徴収する。そのため、甲への支払いは９０００円となる。しかし、Aチームに張る客が多かった場合は、胴元が損をする可能性が出てくる。その場合にはBチームにハンディが与えられる。ハンディが１の場合、引き分けはAチームの負けとなる。Aチームが１点差で勝利すれば、引き分けと同じになる。Aチームが２点差以上で勝てば、完全にAチームの勝利となる仕組みだ。

「ハンディがないと野球賭博は面白くならない。胴元側からすれば、客を均等に散らす。

つまり、両チームへの掛け金をほぼ均等にすることができる」（事情を知る関係者）
シーズン中は毎日、客に対してハンディ表が、取りまとめ役の「中継（＝ちゅうけい）」と呼ばれる人物からメールなどを通じて届けられる。そこから試合開始までに客の賭けを受け付ける仕組みだ。関係者によれば、1日に1億円近い金が動くこともあり、仕切り役としての胴元には資金力と剛腕さが求められるという。こうしたことから胴元はほぼ暴力団関係者となっているようだ。

そのため警視庁では事件捜査について、暴力団関係者の関与が疑われるとして、本来なら賭博犯捜査に当たる風俗警察＝生活安全部保安課保安第一係ではなく、組織犯罪対策部組織犯罪対策四課の特別捜査班を捜査に当てている。

「2010年の大相撲野球賭博事件では、大胴元に暴力団関係者の影がちらついていたが、結局元力士の男らの逮捕で止まってしまった。プロ野球賭博事件では絶対にB（注・暴力団を指す警察用語）まで突き上げると気合が入っていたことは確かだ」（組対関係者）

警視庁はその後、中胴元とみられる指定暴力団幹部の男らを逮捕している。結果的に本丸である大胴元まではたどり着くことができなかった格好だ。

■闇カジノの実態

闇カジノは芸能人やスポーツ選手がはまり、社会問題化した賭博犯罪だ。そもそもカジノとはバカラやポーカーなどのトランプゲームなどが行われる場所のことを指す。いわゆる賭博場（賭場）である。現在、刑法185条および186条によって公営ギャンブルを除いた賭博行為が禁止されているため、国内でのカジノの設置は認められていない。しかし、海外のカジノで一般的に行われている遊技自体が禁じられているわけではない。風営法の第2条第5号に定義される営業（第5号営業）として、景品や金銭と交換できないチップやメダルなどの遊技媒体を用い、客がカジノ的な雰囲気を楽しむカジノバーやメダルゲーム場などの営業を行うことは妨げていない。しかし違法営業の闇カジノは勃興《ぼっこう》している。中には、パチンコ・パチスロ機を用いた業態も現れている。また、インターネットを使って国外のオンラインカジノを国内から接続してプレイすることも可能となっている。

２０１７年11月には東京都内でオンラインカジノ店が摘発されている。風俗警察である警視庁保安課保安一係は常習賭博の疑いで東京都渋谷区道玄坂《どうげんざか》2丁目のカジノ店「ウォーリー」と新宿区歌舞伎町1丁目「ＢＥＬＬ」の店舗責任者と従業員の計6人を現行犯逮捕。

賭博容疑で客の大学生ら20～53歳の男計10人も逮捕している。２つの店では「ライブバカラ」と称して海外のカジノからライブ配信されるバカラ映像を十数台のパソコンで放映。客は映像を見ながら店側と１ポイント１００円に換金できる点数を賭ける仕組みだった。２つの店には客としてそれぞれ千数百人が登録され、ウォーリーは２０１７年２月から約２億１６００万円、ＢＥＬＬは２０１７年４～10月に約１億２６００万円を売り上げたとみられる。

こうした闇カジノは、全国で確認されており摘発が続けられている。捜査関係者によると東京・大阪・名古屋《なごや》・福岡にはそれぞれ数十店舗が営業しているとみられるという。マンションの１室で開かれる闇カジノは「マンション・バカラ」と呼ばれている。また、前出の事件のような「インターネットカジノ」も人気があるという。インターネットカジノは、インカジ、オンラインカジノ＝オンカジなどとも呼ばれており、フィリピン政府公認のバカラという触れ込みだ。客は店に入ると、ポイントを購入する。ポイントは店内のパソコンに入力され、アイコンでバカラ、ルーレット、ブラックジャック、スロットマシンなどから選択する仕組みだ。たとえば客がバカラを選択すると、画面上にはディーラーが登場しカードを配る。インターネットカジノは暴力団が仕切っているケースがほとんどだという。

捜査関係者によると、こうした賭博犯罪捜査も内偵捜査がポイントとなる。店側も反社会的勢力が関わっているケースがほとんどであり、摘発に対して警戒しているだけに内偵も困難を極めるという。

「違法賭博は客も罪に問われるが現行犯逮捕以外での立件は難しい。店から出た後では賭博をした事実の確認や賭け金を特定するための証拠の入手が難しいためだ。店舗入り口にはカメラを設置するなど徹底して摘発を警戒している店が多い。シキテン（見張り）を二重三重にも置いている。内偵ではさまざまな手法を活用して当たっている」

射幸心をあおる闇のギャンブル。風俗警察は組織犯罪対策部門と緊密に連携し、情報収集・内偵・検挙を繰り返しているが、いたちごっこの様相を呈している。

■カジノ特区構想の波紋

２０１８年４月、カジノを含む統合型リゾート施設（ＩＲ）実施法案をめぐり、政府と与党の制度設計に向けた議論が本格化していた。統合型リゾート施設とは、カジノを中核として、国際会議場やホテルなどが一体でつくられる大規模な集客施設のことを指す。アメリカ・ラスベガスが有名で、シンガポールや韓国など120以上の国と地域に存在している。

日本政府は2030年に訪日外国人旅行者を6000万人、2042年に旅行消費額を15兆円とする目標を掲げており、この統合型リゾートの整備で誘客を図ろうとしている。そして横浜《よこはま》や大阪など誘致する自治体は観光振興を期待している。しかし、カジノのチップ換金などによって犯罪で得た収益の出所をわからなくするマネーロンダリング（資金洗浄）や、周辺地区の治安悪化の恐れが早くも指摘されている。

カジノに病的にのめり込むギャンブル依存症も心配されている。政府は法案の中にカジノの規制や依存症対策を盛り込むことにしていて、日本人のカジノ入場料を1人2000円とする案や、入場回数を週3回までに抑える案を自民、公明両党に示している。入場料金に関しては、公明党内にはギャンブル依存症を減らすため「もっと高くすべきだ」との声もある一方、自民党では「入場料は不要」という人もいて、賛否や金額水準で意見が分かれている。入場回数でも「もっと入場しやすくすべきだ」「週3回の根拠がわからない」と疑問も出ていた。

当面の焦点はＩＲをつくる場所を「何カ所にするか」だ。2～3カ所が有力視されてきたが、誘致を進めている自治体やカジノ運営事業者が「もっと多くしてほしい」と主張しており、政府、与党の協議にも影響を及ぼしている。ＩＲ設置は自治体が国に申請し、国が認定した区域につくることができる。北海道や大阪府、和歌山県、長崎県など多くの自治体や地元経済界が誘致の動きを強めている。

政府はＩＲ法案を２０１８年の通常国会に提出。ＩＲ法は成立した。しかし区域認定までには法律の施行から2年から3年程度かかるとされている。環境影響評価（アセスメント）や建設工事を考えれば、開業までにさらに数年を要するとの見立てだ。カジノの導入には「依存症を防げるのか」「地域活性化につながるのか」との懸念も根強く、カジノ特区構想をめぐる議論は熱を帯び、なおも不透明な状況が続く。

■パチンコは特別なギャンブル

ギャンブルの代表格と言えばパチンコである。現在、パチンコ業界は警察当局の監督のもと、営業が認められる事業となっている。パチンコの営業に関しては都道府県の公安委員会に届け出なくてはいけないし、パチンコ台ひとつにしてみても、警察庁の監修する試験をパスしないと、店に台を並べることもできない。これらは風俗警察の武器である風営法にパチンコ業者が順守すべき規則が定められていて、違反した場合は刑事罰に問われる。パチンコは警察当局が業者の生殺与奪の権を握っていると言っても過言ではない。

ちなみにパチンコは警察用語では「遊技」と表現されていて、通称では「ぱちんこ」と平仮名で表記される。パチンコ台は「ぱちんこ遊技機器」、パチスロ台は「回胴式遊技機器」となる。パチンコ業界も例外なく監督する風俗警察の武器となってきた風営法。１９４８年の施行から２０１５年までに少なくとも30回以上の改正がなされている。パチンコが風俗警察の監督下に置かれるようになったのは１９５０年代からだ。

そもそもパチンコのルーツには諸説あるが、鈴木《すずき》笑子《えみこ》氏の調査によると19世紀に欧米で流行した遊技機器「ウォールマシン」だという。その後、１９４８年に愛知県名古屋市の実業家・正村《まさむら》竹一《たけいち》が開発した「正村ゲージ」が本格的なパチンコ台として人気を博していく。「正村ゲージ」はそれまでの「べた釘《くぎ》」の台が盤面に満遍なく打ち付けられた４２０本の釘を抜いて、代わりに玉の流れ道を作るように「天釘」「谷釘」「山釘」「ハカマ」そして「風車」が盤面に配置された。玉が盤面を変幻自在に飛び交い、予想不能なパチンコ台として大ヒット。景品は日用雑貨などだったが正村ゲージは多くの客にとって射幸心をあおるものとなっていく。別のメーカーが「連発式」のパチンコ台を開発すると、人気はさらに高まる。客の回転が速くなり、パチンコ業界は活況を呈する。現金との交換にも暴力団が介入するようになった。1954年の風営法改正で、風俗警察は玉の出数などパチンコ機器の機能制限に踏み込む。パチンコ依存が原因となる家庭崩壊が社会問題化してきたためだった。機能制限は一時的に客離れ、業界の衰退となったが、高度経済成長時代に、再びパチンコ業界は浮上する。

余談だが、「玉突き」は関係者の運動が実を結び、「ビリヤード」としてスポーツに位置付けられ、ビリヤード場の営業は風俗営業の規制対象からは外れている。

公営ギャンブルは風営法の元でさまざまな抑制策が取られてきたが、パチンコの法的な位置づけは曖昧《あいまい》にされてきた経緯がある。「三店方式」と呼ばれる特殊な制度でパチンコ業界は成り立っている。風営法ではパチンコ店が現金や有価証券を提供することを禁じている。店は客に玉を買ってもらう。しかし、客が当たって出た玉を店が直接換金すれば賭博罪に問われてしまう。そこで店では景品と交換する業務だけを行い、景品のうち特殊なもの（＝換金できる景品）はパチンコ店とは無関係の別の店（＝買取所）が買い取るシステムになっているのだ。特殊な景品は賞品問屋（＝賞品卸）が買い取ってパチンコ店に卸している。つまり3つの店をそれぞれ独立させ、無関係にしていることで規制を免れている。パチンコ営業におけるグレーゾーンのひとつである。

■パチンコのもうひとつのグレーゾーン

三店方式に加えて、パチンコのもうひとつのグレーゾーンが「遊技くぎ」に関わる部分だ。つまりパチンコ台の釘の調整について、風俗警察が技術的な規則を設けて、監督しているのである。具体的には、遊技くぎについて「遊技板におおむね垂直」「真鍮《しんちゅう》（又は同等の硬度の金属）」「形状を変形しない」という大原則が規定されている。これらに反するパチンコ台は直ちに使用禁止となる。パチンコ店ではハンマーで釘をたたく「調整」が日々行われている。出る玉を店側で調整するためである。さらに言えば出す台、出さない台を店側で日々変えているということだ。遊技くぎをハンマーでたたく行為は「釘調整」と呼ばれ、風俗警察の総本山・警察庁生活安全局保安課も把握している。全国各地で釘調整が行われている中、風俗警察が積極摘発をしない現状は「グレーゾーン」そのものであった。しかし、2015年の小柳誠二《こやなぎせいじ》・警察庁生活安全局保安課長による関係団体への行政講話がパチンコ業界に衝撃を与える。関係者によると、遊技くぎに関する部分は以下のような発言だったという。警察庁保安課長といえば、全国の風俗警察の実質的なトップにあたる職位である。

「2013年までの3年間で遊技くぎの無承認変更による行政処分は22件にのぼった」

「22件の処分のほとんどが一般入賞口、中央始動口に関する調整だった」

「劣化した遊技くぎのメンテナンスではなく、意図的な遊技性能の改変に当たるものであり、中央始動口に入賞しやすくすることによって過度の偶然性を作っているものと考えている」

遊技くぎの無承認変更は、風営法第50条の規定によって「1年以下の懲役もしくは100万円以下の罰金又はこれを併科」とする刑事罰が風俗警察から科される。さらに重い処分には風営法8条の規定による、全店舗営業取り消しがある。

一般入賞口とはパチンコ台の左右の面にある玉が入る入り口のことだ。入ったらあらかじめ決められた玉が出ることになっている。中央始動口とは、同じく玉が入る入り口だが、入ると、図柄と呼ばれる数字やキャラクターなどが回り始め、当たる（全て同じ図柄になること）と多数の玉を出す仕組みとなっている。警察庁保安課長の講話は、全日本遊技事業協同組合連合会（全日遊連）の総会で行われた意味が大きかったとされる。

「遊技くぎの調整は、実はパチンコ店では風俗警察による釘調整の許容範囲が存在していた。つまりお目こぼしがあったのを当時の警察庁保安課長がひっくり返したということ」（パチンコ業界関係者）

２０１５年の警察庁保安課長の講話に見られるように、パチンコ業界に対し、風俗警察は出玉の規制を強めていっているようだ。そもそも風営法の規則体系は「客に何らかの行為を禁止するということではなく、パチンコ店側が客の射幸心を著しくあおらないようにするために店側を規制する」という性質のものである。パチンコ台が遊技規則に反していても、闇カジノの摘発のように客も逮捕されることはない。風俗警察の監督のもと、一定の射幸性が認められているのがパチンコという業態の特殊性と言える。

カジノ誘致が現実になろうとしている昨今、パチンコやパチスロへの過度なのめり込みを防ぐため、警察庁はパチンコの出玉の上限を現行の3分の2程度に引き下げるなど、ギャンブル心をあおる射幸性の抑制を柱とした風営法施行規則を改正、2018年2月から施行した。

警察庁は規則改正にあたり、ギャンブル依存症対策に取り組むNPO法人「リカバリーサポート・ネットワーク」への相談者の7割は、1カ月の負け金が5万円以上である点に注目した。1回の標準的な遊技時間とされる4時間で獲得できる出玉が5万円分を下回る新しい基準を設け、負けた金をまとめて取り戻せないようにする。

警察庁の担当者は、規制強化の効果を「一発当てて取り戻そうというインセンティブをなくすことで、過度にのめり込むことを防ぐことができる」と説明している。

客が発射した玉に対する出玉率の基準は、現行で「1時間続けた場合に得られる球数は3倍以下、10時間では2倍以下」などと規定。新しい基準では勝ちを「1時間で2・2倍以下、4時間で1・5倍以下、10時間で3分の4以下」とし、負けも「1時間続けて発射した球数の3分の1、4時間の場合は5分の2、10時間の場合は2分の1を下回らない」などとした。大当たりの上限も2400個から1500個に引き下げる。パチスロも同様に規制を強化している。

また、ホールのマネジャーや店長には、依存症の相談窓口を紹介するポスターの店内掲示や、依存症対策ガイドラインを使った従業員教育を業務として追加している。

出玉率をめぐる風営法施行規則は１９８５年に制定されていて、設置を禁じる「著しく射幸心をそそるおそれのある遊技機」の基準を規定している。過去に2度改正され、１９９０年は大当たりの規制を緩和していたが、２００４年は出玉率を抑制する内容だった。警察庁＝風俗警察は、パチンコを規制する方向にかじを切ったと言える。

「パチンコの出玉を規制することでパチンコ業界の客は減っていくだろう。パチンコはオンラインゲームのようになり、現在の業態が無くなるかもしれない。それと同時に闇カジノに客が流れることを懸念している」（警視庁幹部）

パチンコ業界が存続するかどうかは、風俗警察の胸三寸にかかっているということだろう。

第4章　盛り場を監視する風俗警察

■風俗警察の機動部隊

風俗警察には盛り場を監視する機動部隊が存在する。警視庁生活安全部・生活安全特別捜査隊の略称は警視庁内では「セイトクタイ」と呼ばれている。警視庁の執行隊でもある生特隊は、警視庁保安課＝風俗警察の機動捜査部隊である。文京《ぶんきょう》区内にある警視庁富坂《とみさか》庁舎に本部拠点を構えている。警視庁幹部が説明する。

「生特隊は元々、ダフ屋行為を取り締まるのが専門の捜査部隊だった。しかし現在は生活安全部の所管業務ならほぼ何でもやる。とりわけ風俗警察である保安課の捜査支援が重要な任務になっている。とにかく間口が広く機動性に優れている。精鋭ぞろいだ」

ちなみに執行隊とは、警視庁本部所属と所轄警察署の中間に位置付けられている。他部署で言えば、刑事部の機動捜査隊、警備部の機動隊、公安部の公安機動捜査隊、組織犯罪対策部の組織犯罪対策特別捜査隊、交通部の交通機動隊、地域部の自動車警ら隊などがある。

生特隊は警視である隊長を筆頭に、2人の副隊長（警視級の管理官）が補佐。24の捜査班がある100人態勢の組織だ。警視庁組織規則によると次の業務にあたっている。

生活安全特別捜査隊の分掌事務は、次のとおりとする。
（１）特命による生活安全警察関係法令違反の取締りに関すること。
（２）迷惑防止条例違反の取締りに関すること（他の分掌に属するものを除く）。

「生活安全特別捜査隊」
隊　長（警視）
副隊長（警視）
副隊長（警視）
庶務係（隊の庶務業務）
資料係（捜査態勢を決める）
指導係（他の係に応援に入る）
情報係（捜査に関する情報収集）
（隊本部）
第一特別捜査班長（警部）　第一組・第二組・第三組を統括
第二特別捜査班長（警部）　第四組・第五組・第六組

第三特別捜査班長（警部）　第七組・第八組・第九組
第四特別捜査班長（警部）　第十組・第十一組・第十二組
第五特別捜査班長（警部）　第十三組・第十四組・第十五組
第六特別捜査班長（警部）　特命係
第七特別捜査班長（警部）　特命係
（新宿分室）
捜査班　第十六組・第十七組・第十八組・第十九組・第二十組・第二十一組
（南大沢分室）
捜査班

警視庁生特隊の手掛ける事件は実に幅広い。順を追って見ていこう。

■事件①「ハプニングバー」摘発

「警察だ！　そのまま！　動くなよ！」

薄暗く狭い店内に突如怒号がこだまし、客に扮《ふん》していた捜査員が一斉に立ち上がる。

２００６年11月に生特隊は東京都豊島《としま》区池袋のハプニングバーを摘発。公然わいせつの現行犯で航空自衛隊入間《いるま》基地所属の二曹（30歳）ら客の男女７人を、同ほう助の現行犯で経営者の男（63歳）を逮捕した。

ハプニングバーは客同士がわいせつ行為を見せ合うことなどを売り物にした飲食店だ。摘発された店は会員制で、逮捕された客には私立大学職員も含まれていた。２００１年ごろから営業を開始し年間約２０００万円の売り上げがあったという。経営者は「人件費がかからないと思って始めた」と供述。二曹は「ホームページを見て知った」と容疑を認めていた。

■事件②　貸し切りバスのわいせつツアーを摘発

２００９年６月。あるマイクロバスを生特隊の捜査車両３台がマークしていた。

「絶対やっているはずだ」

座席の部分は全てカーテンで覆われている。捜査員はこのバス内でわいせつ行為が行われている可能性が極めて高いと考えていた。後日、同乗者から証言が得られ、最終的には立件にこぎつけた事件だった。

関越《かんえつ》道を走行中の貸し切りバス車内でわいせつ行為をしたとして、公然わいせつの疑いで、音楽関係会社経営で放送作家の男（54歳）と知人の女（37歳）を逮捕した。また男らのわいせつ行為を手助けしたとして、同ほう助の疑いでハプニングバー経営の男（47歳）ら2人も逮捕した。

放送作家ら2人の逮捕容疑は2009年6月7日午前10時半ごろから約15分間、関越道下り線を走行中の観光バス内で全裸になり、わいせつな行為をした疑いだった。

生特隊によると、放送作家の男は音楽プロデューサーとしても活躍。「下着はつけていた」と供述し容疑を否認した。今回の事件では「大人の遠足」と称して、群馬県の温泉に日帰りバスツアーを企画し、ハプニングバーの客ら12人と一緒に参加していた。

■事件③　耳かき店で性的サービス

「女性の膝枕《ひざまくら》で耳かきしてもらえる。さらに追加サービスが受けられる」

生特隊が関係者から入手した情報から、店への視察・経営者の行動確認が開始された。

2011年2月、耳かき店で性的サービスをさせたとして風営法違反（禁止地域内営業）の疑いで、東京都豊島区内の耳かき店経営の男（32歳）を逮捕した。

生特隊によると、同法違反容疑の耳かき店摘発は都内で初めて。経営者は「性的サービスをするよう指示していない」と容疑を否認した。

店は2009年10月ごろから2年近く営業。10分間2000円の追加料金を払うと、同じビルの別の部屋に案内され、性的サービスが受けられる仕組み。月100万円以上の売り上げがあったという。

逮捕容疑は2011年2月6日正午すぎ、風俗店の営業禁止地域で女性従業員（25歳）に、男性客への性的サービスをさせた疑いだった。

■事件④　人気寝台特急でダフ屋行為

都内のあるチケットショップに生特隊捜査員の姿があった。

「こちらのチケットを買い入れていませんか？」

捜査員が示したのは、マニアの間ではお宝とされる寝台特急のチケットを撮影した写真資料だった。

2015年3月に引退した寝台特急の「トワイライトエクスプレス」（札幌《さっぽろ》―大阪）と「北斗星《ほくとせい》」（札幌―上野）の切符を転売目的で購入したとして、生特隊は2015年4月16日までに、東京都迷惑防止条例違反（常習ダフ屋行為）の疑いで、運送業の男（44歳）を逮捕した。

二つの寝台特急の切符は入手困難とされていて、特に最終列車の切符は発売とほぼ同時に完売していた。インターネットオークションでも一時100万円を超える高値が付いたほどだった。

生特隊によると、容疑者の男は「ネットオークションに出品するために買った」と供述。2014年夏から約3000万円の売り上げがあったとみられている。

逮捕容疑は2014年12月から2015年1月、転売目的で二つの寝台特急の切符5枚を計9万5000円で購入した疑いだった。ネットオークションにかけられ、合計して約26万7000円で落札されたという。

■事件⑤　三社祭の神輿を妨害で逮捕

江戸三大祭りのひとつと称され、多くの人で毎年賑わう三社祭《さんじゃまつり》が舞台となった事件だった。

内偵中だった生特隊の捜査員たちは、ある人物たちの様子を密《ひそ》かに撮影していた。

「あいつら派手にやっているな」

２０１５年７月。浅草《あさくさ》神社（東京都台東区）の三社祭で、神輿《みこし》の進行を妨害したなどとして、生特隊は都迷惑防止条例違反の疑いで、指定暴力団幹部の男（46歳）ら２人を逮捕した。

逮捕容疑は５月17日午前11時半ごろ、台東区西浅草３丁目の路上で、ふんどし姿で全身の入れ墨を見せるなどして神輿を誘導したほか、怒号を発した疑いが持たれていた。２０１５年の三社祭は５月15日から17日に開催されていた。最終日には、大きな本社神輿３基が繰り出す「宮出し」が行われていた。ちなみにこの事件では、暴力団が関わるため、組織犯罪対策部の担当者も捜査に加わっている。

■事件⑥　転売目的で入場券を大量購入

２０１７年5月12日。人気グループ「ＥＸＩＬＥ」のメンバーらが出演するコンサートのチケットを転売目的で大量購入したとして、生活安全特別捜査隊は、東京都迷惑防止条例違反（ダフ屋行為）の疑いで、洋服店店員の男（23歳）を逮捕した。

生特隊によると、男はＥＸＩＬＥのファンクラブに48口分で加入。１枚当たり定価１万２９６０円のチケットをファンクラブの先行予約で入手、インターネットの販売サイトに最高約10万円で出品していたのだった。

サイトの運営業者から２０１４年7月～２０１７年1月の間、男の口座に約２０００万円が振り込まれており、生特隊は同様の手口を繰り返したとみて調べている。

逮捕容疑は２０１６年6月20日未明、調布《ちょうふ》市内のコンビニで、２０１６年9月に東京ドームで開催されたコンサートチケット98枚を計約１３０万円で購入した疑い。「転売目的でなく、いい席で見たいから買った」と容疑を否認していた。

コンサート当日に東京ドーム付近で、容疑者の知人女性が別の女性数人にチケットを渡しているのを見た警備員が１１０番。駆け付けた富坂署員が事情を聴いたところ、容疑者が大量購入したチケットだと判明した。

■事件⑦　ホームレスに並ばせダフ屋行為

「誰に雇われてるんだ？」

生特隊の捜査員が呼び止めたのは60代くらいの男性だ。詳しく聞いてみると路上で生活している、いわゆるホームレスの男だった。同意を得て身体捜検を行うと5万円ほどとコンサートのチケットを所持していた。

２０１７年９月、宝塚《たからづか》歌劇などの入場券を転売目的で購入したとして、生特隊は26日までに、東京都や埼玉県の迷惑防止条例違反（ダフ屋行為）容疑で、無職の男（56歳）ら男女計５人を逮捕した。他に逮捕されたのは男と同居する母親（83歳）と、ホームレスの男性３人だった。

生特隊によると、男とその母親は逮捕された３人を含むホームレス十数人に１人当たり日当約７０００円を支払い、チケット発売の１日から２日前から店に並ばせて購入。正規価格の最大約17倍で転売していた。

男は2009年4月から、インターネットのチケット販売サイトに登録していて、このサイトを通じて転売を繰り返し、合計約1900万円を得ていたとみられる。

5人の逮捕容疑は、2017年2月26日から4月29日にかけて東京都渋谷区道玄坂のチケット販売店など4カ所で10回にわたり、転売目的で宝塚歌劇の入場券など計52枚を計33万4000円で購入した疑いだった。

■事件⑧　通行人に「フリーおっぱい」で書類送検

2018年1月。夕方の渋谷駅ハチ公前に人だかりができていた。

「おっぱい触りたい放題です」

こうバニーガール姿で訴える女性の周りに人が集まっていたのだった。男女入り乱れているが、皆一様に女性の胸に触れている。渋谷駅前交番で立番していた渋谷警察署地域課巡査部長は遠目からながら異変に気付いた。

「渋谷駅前PB、〇〇PMから渋谷PS。現在ハチ公前で多数蝟集《いしゅう》者あり、公然わいせつ等の可能性あり、直ちに現場に向かいます」

警察官は肩に備えられた無線機で本署のリモコン（無線指令室）に、こう告げると相勤員を伴い、走って人だかりに向かった。

投稿用の動画を撮影するため、東京・渋谷のハチ公前広場で「フリーおっぱい」と書かれたスケッチブックを掲げ、通行人に胸を触らせたとして、警視庁生活安全特別捜査隊は2018年3月12日、東京都迷惑防止条例違反（卑わいな言動）の疑いで、私立高校1年の女子生徒（16歳）を書類送検した。以下の条例違反にあたったのである。

1、わいせつな見せ物、物品若しくは行為又はこれらを仮装したものの観覧、販売又は提供について、客引きをし、又は人に呼び掛け、若しくはビラその他の文書図画を配布し、若しくは提示して客を誘引すること

女子生徒は2018年1月に、バニーガールの姿でハチ公前広場に立ち、十数分間で通行人の男女約20人に胸を触らせていた。人だかりができているのに警視庁渋谷署員が気付き、事情を聴いていた。

生特隊は、様子を撮影していた女子生徒の知り合いの相模《さがみはら》原市に住む高校3年生の男子生徒（18歳）と、東京都三鷹《みたか》市の男性会社員（23歳）の2人についても、同条例違反や同ほう助の疑いで書類送検した。３人は動画投稿サイト「ユーチューブ」に動画を投稿する「ユーチューバー」仲間という。

女子高生らは「閲覧数を稼いで広告収入を得ようと思った」などと話している。動画はサイトに投稿されなかった。

３人の送検容疑は1月28日午後6時半ごろ、渋谷区道玄坂2丁目のハチ公前広場で、不特定多数に「おっぱい触りたい放題」などと呼びかけて胸を通行人に触らせ、公共の場所で周囲の人を著しく羞恥《しゅうち》させる行為をしたなどの疑い。生特隊に勤務経験のある警視庁幹部はあきれた口調で言う。

「今までに例がない事件で率直に驚いた。渋谷らしい事件と言えばそれまでだが、多くの人が行き交う場所で風紀を乱すという、れっきとした犯罪行為に変わりなく十分反省してもらいたい」

■バーやホテルも　風俗営業の実態

風俗営業はそもそも風営法にもとづいて風俗警察が監督するものだが、営業する場合は公安委員会に届け出て、許可を得なければならない。夜のネオン街を連想するあの風俗店だけではなく、私たちが普段飲みに行くあの飲食店も実は「風俗営業」なのである。

風俗警察＝警視庁保安課では「風俗営業係」が営業届け出の受付・監督に当たっている。指定する業態が大きく変わった1998年（平成10年）の風営法の大改正（1999年4月施行）から見ていこう。

「風俗営業」（許可営業＝適正に営まれれば国民に憩いを与える営業）

【接待飲食等営業】

1号営業　キャバレー等

2号営業　料理店・カフェー等

3号営業　ナイトクラブ等

4号営業　ダンスホール等　※2015年改正でダンスは除外。後述する。

5号営業　低照度飲食店
6号営業　区画席飲食店

【遊技場営業】
7号営業　パチンコ店等
8号営業　ゲーム機設置営業

「性風俗特殊営業」（届け出営業＝いわゆるセックス関連産業）
【店舗型性風俗特殊営業】
1号営業　ソープランド等
（浴場業の施設として個室を設け、当該個室において異性の客に接触する役務を提供する営業）
2号営業　店舗型ファッションヘルス等
（個室を設け、当該個室において異性の客の性的好奇心に応じてその客に接触する役務を提供する営業）

３号営業　ストリップ劇場等
（専ら性的好奇心をそそるために衣服を脱いだ人の姿態見せる興行その他の善良の風俗又は少年の健全な育成に与える影響が著しい興業の用に供する興行場として政令で定めるものを経営する営業）

４号営業　ラブホテル、レンタルルーム等
（専ら異性を同伴する客の宿泊の用に供する政令で定める施設を設け、当該施設を当該宿泊に利用させる営業）

５号営業　アダルトショップ等
（店舗を設けて、専ら性的好奇心をそそる写真、ビデオテープその他の物品、政令で定めるものを販売し、又は貸し付ける営業）

６号営業　政令で定める営業
（前各号に掲げるもののほか、店舗を設けて営む性風俗に関する営業で、善良の風俗、清浄な風俗環境又は少年の健全な育成に与える影響が著しい営業として政令で定めるもの）

【無店舗型性風俗特殊営業】
1号営業　派遣型ファッションヘルス等
2号営業　アダルトビデオ等通信販売営業等
【映像送信型性風俗特殊営業】
【接客業務受託営業】
【深夜における飲食店営業】

この時の改正で注目すべきは性風俗特殊営業のカテゴリーに店舗型に加えて、無店舗型を加えたことにあった。店舗型よりも、利便性が高いとされた無店舗型のデリバリーヘルスの出店数が右肩上がりで増え続けていったのだ。「接客業務受託営業」は、ブローカーやコンパニオン派遣業者を風俗警察が把握するために設けられたカテゴリーだ。

14年ぶりの改正は性風俗への規制が目立った形だ。かつての遊郭の囲い込みのように、空間的な規制をする場合は、店舗型のほうが規制しやすい。しかし出店数が急増していった無店舗型では客が自宅に女性を呼ぶことも可能なことなど、風俗警察の目が届きにくくなっていたのだ。風営法では無店舗型性風俗特殊営業について次のように定めている。

一、人の住居又は人の宿泊の用に供する施設において異性の客の性的好奇心に応じてその客に接触する役務を提供する営業で、当該役務を行う者を、その客の依頼を受けて派遣することにより営むもの

二、電話その他の国家公安委員会規則で定める方法による客の依頼を受けて、専ら、前項第五号の政令で定める物品を販売し、又は貸し付ける営業で、当該作品を配達し、又は配達させることにより営むもの

もうひとつ新たに設けられたのは「映像送信型性風俗特殊営業」である。定義は「専ら、性的好奇心をそそるため性的な行為を表す場面又は衣服を脱いだ人の姿態の映像を見せる営業で、電気通信設備を用いてその客に当該映像を伝達すること（放送又は有線放送に該当するものを除く。）により営むものをいう」となっていて、一般的にはインターネットを通じてポルノ映像を販売する業者を指している。こうした業者は寡占状態であり、アダルトビデオ・ＤＶＤ販売の減少につながっているとされている。

■テレホンクラブへの規制

２００１年の改正では、性風俗特殊営業に「店舗型電話異性紹介営業」と「無店舗型電話異性紹介営業」が新たにカテゴリーとして設けられる。これは当時、利用者間のトラブルが社会問題化していたテレホンクラブを規制しようというものであった。

9　「店舗型電話異性紹介営業」とは、店舗を設けて、専ら、面識のない異性との一時の性的好奇心を満たすための交際を希望する者に対し、会話の機会を提供することにより異性を紹介する営業で、その一方の者からの電話による会話の申込みを電気通信設備を用いて当該店舗内に立ち入らせた他の一方の者に取り次ぐことによって営むものをいう。

10　「無店舗型電話異性紹介営業」とは、専ら、面識のない異性との一時の性的好奇心を満たすための交際を希望する者に対し、会話の機会を提供することにより異性を紹介する営業で、その一方の者からの電話による会話の申込みを電気通信設

備を用いて他の一方の者に取り次ぐことによって営むものをいう。

店舗型のテレホンクラブに対しては、他の性風俗関連営業と同じように、保護の対象地域から200メートル以上離れていなければいけないと規定されている。無店舗型としては自宅の固定電話や携帯電話を利用したツーショットダイヤルのサービスが挙げられる。

■無店舗型の台頭

デリバリーヘルスやツーショットダイヤルなど無店舗型の台頭は著しく、特にデリヘルは「人気性風俗」として一気に業者・利用者数を増やしていった。店舗型のファッションヘルスが提供するサービスを自宅やラブホテルへ出張して行うことから「出張ヘルス」とも呼ばれている。警察庁の統計によれば、デリヘルにあたる「無店舗型性風俗特殊営業1号営業（派遣型ファッションヘルス）」の業者数は1999年の2684軒から、2016年には1万9856軒と激増している。

こうした無店舗型の台頭に伴い、警察庁は2001年9月に風俗警察活動強化の通達を発信している。

「風俗警察活動の強化について」（警察庁丙生環発第二十一号）

昨今の風俗情勢は極めて深刻であり、社会秩序の維持の上でも看過し得ない状況である。従って風俗警察活動の強化を図ることにした。

当面の活動重点

1　派遣型売春事犯、外国人女性が関与する売春事犯等の取締り

2　カジノバー等における遊技機使用賭博事犯の取締り

3　風営適正化法（風営法）違反の取締り

4　ピンクビラ等対策

5　インターネット上の風俗環境浄化

そして通達には風俗警察の捜査現場での推進事項も含まれていた。風俗警察（都内は警視庁保安課風俗営業係・査察係、道府県警では保安課）による積極的な立ち入り推進に加えて所轄の警察署長・生活安全課長は管内の実査（パトロール）に積極的に実施し実態把

握につとめること、風俗営業関連の違反者の摘発を推進することが盛り込まれたのである。

■２００５年の風営法改正

２００５年に風営法が一部改正されている。注目すべきは台頭していた無店舗型のデリバリーヘルスの受付や従業員の待機所も「営業所」とみなし、住所の届け出を義務付けることを定めた点である。携帯電話の圧倒的な普及でデリヘルは営業する側にとっては、事業を立ち上げやすくなったとされていた。会社の主体となる営業所を持たず電話１本で商売ができるデリヘルは、風俗警察が認めていない無許可の営業店舗が増殖していった。それに歯止めをかけるための法改正だったとされている。ちなみに広告宣伝費用がかかるデリヘルでは、インターネット広告に加えビラの配布も社会問題化しつつあったため、ビラの住居への頒布も２００５年改正で禁止されている。

■風俗店への立ち入り

風俗店をめぐってはその営業形態も含め、トラブル・事件がつきまとう。風俗警察はそうしたトラブルの芽を摘むため、立ち入りする権限が与えられている。警視庁保安課では「査察係」が立ち入りを行うことになっている。風営法でもその権限について次のように定められている。

「報告及び立入り」
（第三七条）
2　警察職員は、この法律の施行に必要な限度において、次に掲げる場所に立ち入ることができる。
一　風俗営業の営業所
二　店舗型性風俗特殊営業の営業所
三　第2条第7項第1号の営業の事務所、受付所又は待機所
四　店舗型電話異性紹介営業の営業所

五　特定遊興飲食店営業の営業所

六　第33条第6項に規定する酒類提供飲食店営業の営業所

七　前各号に掲げるもののほか、設備を設けて客に飲食をさせる営業の営業所（深夜において営業しているものに限る。）

風俗営業を監視・摘発することは風俗警察の根幹とも言える活動である。どういう店舗・形態が実際に摘発を受けるのだろうか。捜査関係者への取材を元にケースごとに見ていこう。

●ケース①

デリヘル店経営者のAは東京都の郊外で「回春エステ」を新規開業した。店舗型ファッションヘルスを開業しようと考えていたが、新規出店は困難だと感じ、シャワーを浴びる必要もなく、女性も裸にならない、いわゆる手淫《しゅいん》のみのサービスである回春エステの形式を取れば出店は可能と開業した。3カ月ほど過ぎた頃、風俗警察の捜査員5人が店にやってきた。Aは令状を示されそのまま逮捕となった。警視庁によると、逮捕容疑は風営法の開業無届けと禁止区域営業だった。

そもそも店舗型性風俗特殊営業の要件は「異性の客の性的好奇心に応じてその客に接触する役務を提供する営業」となっている。回春エステの手淫はあきらかに店舗型の要件を満たしており、公安委員会への届け出は必須となる。

そして禁止区域営業についてでは、風営法ではソープランド、ファッションヘルスなど性風俗関連特殊営業に関して営業する区域に制限を設けている。具体的には「学校（学校教育基本法第一条で規定される学校、第八十三条一項の各種学校）」、「児童福祉施設（児童福祉法第七条認可）」、「病院（医療法第一条の五第一項）」、「診療所（医療法第一条の五第二項で入院設備病棟1床以上）」、図書館の周辺なども含まれ、これらの施設の敷地から200メートル以内での風俗営業は公安委員会、つまり風俗警察に届け出をしても許可されない。ちなみにソープランドは東京都内では「台東区千束4丁目」の一部地域でしか営業できない。新規出店は実質的に不可能となっている。

●ケース②
都内を中心に展開するデリヘルの経営者は、ある日風俗警察（警視庁の所轄署生活安全課保安係）に摘発を受けた。容疑は「従業者名簿の不備」。罰金は50万円だったという。経営者の男性は名簿に従業者の女性の氏名・住所・電話番号などをきちんと記載していたにもかかわらずだ。なぜ摘発されたのか。捜査関係者が説明する。

「この店の従業者名簿には明らかな不備があった。従業者の本籍地、それに体験入店者の氏名などが記載されていなかった」

風俗営業の経営者にとって従業者名簿は営業を存続させるための重要な書類だ。風営法でも細かく記載がされている。この店舗の場合、抜き打ちの風俗警察による立ち入り検査（査察）で従業員名簿が捜査員の目に触れたことがきっかけだったという。そもそも従業者の本籍地は住民票とともに提出できるように備えていなければならない。従業者には受付所担当者や送迎ドライバーなどに加えて、接客にあたるキャストと呼ばれる女性も当然含まれる。キャストたちは個人事業主であって、店から業務委託を受けている形であっても従業者とみなすのが風俗警察だ。従業者名簿にはキャストが入店した日から辞めた日、本籍地などを記入する欄が設けられている。そして店を辞めてから3年間はこの記録は保管しておかなければならない。キャストが1日限りの体験入店であっても経営者は記録を保管する義務があるのだ。また本店で働いているキャストが、ヘルプに入り姉妹店で働いた場合でも、姉妹店の従業者名簿には記録しなければならない。

さらに外国籍の女性を雇う場合は国籍を明示しなければならない。外国籍を持つ女子留学生がキャバクラなど風俗店で働くと入管法の資格外活動違反となり検挙され強制送還されることになる。

●ケース③

ラブホテルにキャストを派遣してサービスを提供するホテヘル。ホテヘルは風営法では実はデリヘルと同じ、無店舗型性風俗特殊営業にあたる。デリヘルとの大きな違いは、客がキャストを写真で選んだり、料金を支払ったりする受付所が設置されている点なのだ。受付所は店舗型性風俗特殊営業と同じ規制を受けるため、午前0時を越えた営業は違法となる。ホテヘルは無店舗型でありながら、ラブホテルという特定の施設を利用するというまさにグレーな営業形態だ。風俗警察もこうした点は決して見過ごさない。

ケース②の例と同様に都内のあるホテヘルの経営者は、突然、警視庁保安課＝風俗警察の捜査員の来訪を受けた。掲げられた令状には「風営法違反（無届け営業）」と記されていたという。経営者らはその場で逮捕されてしまった。なぜなのだろうか。

「このケースは特定のホテルを含めて全体を店舗とみなされて、店舗型性風俗特殊営業の無届け、禁止区域での営業となったんだ。グレーな部分はつぶしていくのが風俗警察だ」（捜査関係者）

ラブホテルやレンタルルームの前に受付所を構えているデリヘルは捜査対象として風俗警察にしっかり監視されている。

●ケース④

風俗店同士で名義貸しをするケースがある。この名義貸しも風俗警察が目をつけるポイントのひとつである。特に多いとされているのが法人間での名義貸しだ。風営法では名義貸し行為を禁じている。

第十一条
風俗営業の許可を受けた者は、自己の名義をもって、他人に風俗営業を営ませてはならない。

そして、キャバクラ等の接待飲食店等営業ではこの名義貸しが禁じられている。あるキャバクラチェーンの風俗警察による摘発事例では、チェーンの親会社が子会社の名義で風俗営業許可を取得した。親会社は従業員の採用・教育、営業の売り上げ管理など主要な業務を行っており、風俗警察は名義貸しと認定した。実質的な経営は親会社が行っていると判断したためである。親会社は無許可営業、子会社は名義貸し行為として規制される。親会社が子会社を吸収合併するなど営業を一体化していれば摘発は免れたケースだ。デリヘルなどの無店舗型性風俗特殊営業には名義貸しの規制が存在していないが、デリヘルの場合、名義を借りて営業したことが発覚した場合は、借りた側が無許可営業で罰せられることになる。

■「ぼったくり」を摘発

1日15万人が訪れる日本最大の歓楽街・新宿歌舞伎町。欲望渦巻く夜の繁華街で目を光らせているのは警視庁新宿警察署「ぼったくり捜査班」の捜査員たちだ。

「客引きの誘いには乗ったらだめだよ」

道行くサラリーマンなどに声を掛ける捜査員。シキテンと呼ばれる違法風俗店の見張りも新宿署の猛者《もさ》たちの顔を見つけるとすっと消えていく。ぼったくり捜査班は歌舞伎町でぼったくり被害が深刻化していた2015年夏に設置された。

警視庁によると、2014年の1年間で約670件だった110番は、2015年は半年で1500件を超え、年間で3000件に達し被害は深刻化した。

ぼったくりは悪質な犯罪行為だ。被害者は路上で客引きから「60分5000円です」などと誘われて店に案内されることが多い。そして飲食した後の会計の時に不当に高額の請求を受けて、その場で支払えないと近くのATMまで連れて行かれることもあった。50万円以上の支払いを請求されたり、暴力を振るわれたりするケースも中にはあったのだ。

民事介入になるとの批判もあり、これまで店と客とのトラブルへの過度な介入を控えてきた警視庁も、悪質な事例が目立つことに注目し方針転換を決断した。東京都ぼったくり防止条例などさまざまな法令を適用して徹底したぼったくり撲滅を図ったのである。

「東京都ぼったくり防止条例」は2000年に施行された都の条例だ。正式名称は「性風俗営業等に係る不当な勧誘、料金の取立て等及び性関連禁止営業への場所の提供の規制に関する条例」という。

第一条　この条例は、性風俗営業等に係る不当な勧誘、料金の取立て等及び性関連禁止営業への場所の提供について必要な規制を行うことにより、都民生活の平穏及び清浄な風俗環境を保持し、並びに個人の身体及び財産に対する危害の発生を防止することを目的とする。

ぼったくり防止条例は歌舞伎町をはじめとする都内の繁華街で、酒を提供して接待する店や性的サービスを売りにする店などを対象にしている。ガイドラインを設けることでぼったくりを防止するのがねらいである。

・料金、サービス内容を客に見えるようにしっかり店内に掲示すること
・客を勧誘する際に実際よりも安いと認識させる言動の禁止
・料金を請求する際に乱暴な言動をしてはならない

これらに反する行為が確認された場合は、６カ月以下の懲役または50万円以下の罰金となる。

風俗警察＝警視庁保安課では都内の繁華街での客引き行為・ぼったくりを監視し続けているが、新しい形態のぼったくりも出てきていると捜査関係者は説明する。

「売春と飲みをセットにして客を呼び込み、ぼったくる手口が徐々に出てきている。保安課としても特別専従班を設置して鋭意捜査中だ」

仕組みはこうだ。女性従業員が男性と売買春を行い、その後に店に誘導する。店では女性が引き続きついて酌などをする。そして結果的に高額な料金を請求されるというものだ。男性客は女性との行為を隠し撮りされていた。男性は暗にその撮影データでゆすられることになった。人間の欲望を突いた、ぼったくり業者、売春業者、ホテルが三位一体となって男性をカモにしたケースである。

「ぼったくり条例、売防法と法令をフル活用し、ぼったくり業者やその周辺をたたく方針に変わりはない。こうした繁華街では客引きはきっぱりと断って高額な請求をされたら警視庁にすぐ連絡してほしい」（警視庁保安課幹部）

■ダンスクラブ規制の変遷

「警視庁です。音楽止めて、踊るのも止めてください！　皆さんは店の外に出てください」

２０１３年5月。東京・六本木《ろっぽんぎ》の人気クラブ店が警視庁保安課と生活安全特捜隊の摘発を受けた。これまでダンスに興じていた4人の女性客がショルダーバッグから「警視庁」と書かれた腕章を取り出し身に着け始める。店内にはすでに10人の屈強な捜査員も集結している。メガホンで呼びかけたのが捜査主任官でもある保安課警部だ。生活安全特捜隊員も続々と店内に集結。強制捜査が粛々と始められた。警視庁ではこの日、風営法の無許可営業容疑で経営会社役員の男と店員ら3人を現行犯逮捕している。東京都公安員会の許可を得ないで、店内にＤＪブース、踊り場を設置し酒食を提供したとされている。店は過去に数回、従業員名簿を備え付けていなかったなどとして行政処分されたが、店名を変えて営業。月に約2万２０００人の客が出入りし、1億２０００万円以上の売り上げがあった。周辺住民からの騒音の苦情など4カ月間で１４０件の１１０番通報が入るなど、風俗警察が注視していたのだった。

風俗警察にとってダンスはそもそも風俗営業として規制の対象であった。１９４８年に制定された風営法では、男女がペアで踊るダンスホールでの売買春を防ぐことを目的に、ダンス営業を風俗営業と定めていたのである。営業には都道府県の公安委員会の許可を必要とし、さらに営業時間は原則午前０時までで営業区域も制限するとした。社交ダンス非営利のダンス講座などは規制の対象外とされている。騒音や暴力のトラブル増加を背景に、風俗警察は２０１０年ごろから取り締まりを強化した。

実際、風俗警察はどのようにダンスクラブを摘発するのだろうか。警視庁保安課の捜査関係者への取材を元に見ていく。

風俗警察＝警視庁保安課風俗営業係と生活安全特捜隊は、共同でまず摘発の端緒情報を集める。端緒情報とは文字通り、摘発のきっかけ、根拠となる情報のことだ。

「摘発対象となる店の周辺からの騒音被害の通報がきっかけとして一番多い。他には同業他店からのタレこみ、薬物事案など他の犯罪要件からの芋づる式の摘発などケースはいろいろある」（捜査関係者）

こうして風俗警察の捜査対象となる店舗が決まると、真骨頂である「内偵捜査」が直ちに始まる。客を装い風俗警察の捜査員が店内に潜入。客数やＤＪブースの有無などをさりげなくチェックする。これが店舗の規模などによるが、最低でも３カ月、長くて１年間続けられ、関係者への水面下での聴取、捜査のための秘匿撮影も行われる。こうした内偵捜査は全て記録として残され、立件に向けての検討が進められる。並行して、経営者への指導・警告が行われる。そこで「無許可営業はやめる。店の形態も改める」などと記した誓約書を提出させる。ここで双方が合意することはほとんどなく、経営者も営業をだましだまし続けていく。風俗警察はそれを決して見逃すことはない。そして一気に「摘発」に向かうのだ。地道に証拠は積み上げられている。捜査員を客に変装させ潜入させる。強制捜査は店内にいる捜査員からの合図で、警官隊が突入する。大きな箱では警視庁機動隊の一個中隊を要請してあたることもある。音楽は止められ、客は聴取のために店の外に出される。店内では経営者を立ち会わせての聴取が始められる。同時にＤＪブースなどを計測し、見取り図におこす捜査員の姿も確認できる。一通り現場での確認事項が終了すると、捜査員が経営者や店員の周りを取り囲む。

「ただいまの時間、午前3時34分。風営法違反容疑で現行犯逮捕します」

幹部が声高らかに言うと、屈強な捜査員、潜入していた茶髪の女性捜査員が店員らに次々と手錠をかける。店の外は客、報道陣でごった返している。フラッシュがたかれる中を連行されていく経営者たち。これが風俗警察によるダンスクラブ摘発のかつての姿だった。

ダンスクラブ摘発はある事件がきっかけで大きく転換する。2012年4月には大阪の人気クラブが大阪府警保安課に摘発された。いわゆる「NOON問題」である。無許可営業の疑いで逮捕された経営者の男性は、摘発を不服として訴訟を起こし、大阪地裁、大阪高裁が無罪判決を言い渡した。この裁判をきっかけに風営法改正論議が一気に過熱する。

それに触れる前に大阪地裁の無罪判決のポイントを振り返ってみる。本件の風営法の規制目的は大きく2点に絞られる。ひとつ目が「わいせつ行為を招くような性風俗秩序の乱れにつながる営業を規制すること」、二つ目は「そうした場に少年を近づかせないことで少年の健全育成に障害を及ぼす行為を防止する」である。判決では憲法が保障する職業の自由、表現の自由との関係もあり、規制目的の抑制的な運用を求めている。裁判所が示した見解は次のようなものだった。

3号営業の無許可営業規制は、憲法22条の職業の自由を制約するほか、場合によっては憲法21条の表現の自由の制約にもなり得る。規制対象となる営業については憲法上の権利を不当に制約することのないよう、規制目的との関係で必要かつ合理的な範囲

に限定すべく慎重に解する必要がある。

判決では摘発が表現の自由まで規制しているとは言えず、風営法の規定が憲法に違反しないという判断を示している。風営法では合憲で経営者はなぜ無罪となったのか。判決文では次のように述べている。

本件イベントで客がしていたダンスは、音楽のリズムに合わせてステップを踏んだり、それに合わせて手や首を動かすというものが大半であり、動きの激しいものでもボックスステップを踏んだり腰をひねったりする程度で、客同士で体を触れ合わせて踊っていたこともない。したがって、客のダンスそれ自体が性風俗秩序の乱れにつながるような態様のものだったとは言えない。また、DJブースやモニターがあったフロアでは、DJが英国のロック音楽を大音量で流すとともにこれに合わせてモニターに映像が流され、客を盛り上げるような演出を行っていたこと、その結果、フロアにいた客はDJブースの側により多く集まり、近いところでは客同士が30センチメートル程度の距離にあったことが認められるが、客同士が接触するような状態には至っておらず、座って音楽を聴いている客もいたのだから、単に音楽や映像によって盛り上がりを見せていたという域を超えていない。そのほか本件イベントにおいて、来店する客に露出度の高い服装の着用を促すなど、ことさらにわいせつな行為をあおるような演出がされていたなどの事実は認められない。

以上の事実を総合すると、酒類が提供されており、フロアが相当程度暗い状況にあったことを踏まえても、本件当日、本件店舗において、歓楽的、享楽的な雰囲気を過度に醸成し、わいせつな行為の発生を招くなど、性風俗秩序の乱れにつながるおそれのある営業が行われていたとは、証拠上認められない。そうすると、被告人が本件公訴事実記載の日時場所において、本件各規定の構成要件に該当する行為、すなわち３号営業を無許可で営んだということはできないというべきである。

（結論）

以上によると、被告人が、本件公訴事実記載の日時場所において、本件各規定の定める構成要件に該当する行為に及んだとの事実を証拠上認めることはできない。よって本件公訴事実については、犯罪の証明がないことになるから、その余の点について判断するまでもなく、刑事訴訟法３３６条により、被告人に対し、無罪の言い渡しをする。

（求刑　懲役6月及び罰金100万円）

平成26年5月2日　大阪地方裁判所第5刑事部

一審判決から2年余り経過した2016年6月23日。音楽に合わせて客がダンスを踊るクラブの営業を未明まで認める改正風営法が施行された。営業はこれまで原則午前0時（最大午前1時）までだったが、店内の明るさなどの条件を満たせば、許可制の下で24時間営業が可能になったのだ。

2015年6月に成立した改正風営法は、客席の明るさ（照度）が休憩時間の映画館と同じ程度の10ルクスを超え、午前0時以降も酒類を提供する店を「特定遊興飲食店」として、未明までの営業を認めることにした。

特定遊興飲食店の営業には都道府県の公安委員会の許可が必要となり、営業エリアは騒音が迷惑になりにくい繁華街や湾岸の地域などで、具体的には都道府県の条例でそれぞれ定めている。繁華街を管轄する警視庁警察署幹部は言う。

「大阪の裁判の結果は正直ショックだった。警察としてはダンスクラブのような盛り場が犯罪の温床になり得ると強く実感していただけに悔しい思いだった。そもそも健全な店とそうでない店の区別がつかないグレーな店がほとんどだから」

全国の風俗警察は「特定遊興飲食店」の基準に照らして、日夜監視・指導を続けている。

■進まない風俗店の火災対策

「また悲惨な火災が起こってしまった。どうしたらこうした事が起きないようにできるだろうか」

風俗警察＝警視庁保安課に所属したことがある捜査関係者は筆者にかつてこう語った。関係者が嘆息したのは、２０１７年12月に発生した埼玉県さいたま市大宮《おおみや》区のソープランドでの火災で客ら５人が死亡した事案だった。

火災では３階建てソープランド延べ約１７０平方メートルが全焼している。「煙が充満して逃げられない」との通報が相次ぎ、従業員や客ら男女５人が一酸化炭素（ＣＯ）中毒などで死亡した。埼玉県警によると、火元は2階ごみ置き場付近とみられている。

現場はＪＲ大宮駅近くの「北銀座」と呼ばれる繁華街だった。かつて売春が許可され

「赤線」と呼ばれた一帯で、今も古い風俗店が軒を連ねているエリアだ。火災のあった建物ができたのは１９６５年。関係者によると、窓が少なく、階段は傾斜がきつくて人がすれ違えないほど狭かったという。

　さいたま市消防局による２０１６年6月の立ち入り検査では、明確な消防法違反はなかった。一方で建物は、建築当時の法律にはのっとっているものの、現在の建築基準法の規定には適合していない「既存不適格」の建築物で、排煙設備や防火区画に不備があった可能性がある。こうした建物は違法ではなく、増改築の申請がなければ行政が確認することもない。所有者が自主的に改善しない限り、そのままの状態で使われるという。風俗店関係者は「金銭的に防災面まで手が回らないのが実情」と漏らす。同様の建物が集まる風俗街は全国各地にあるが、自治体によっては条例で新規出店や増改築を認めていない。

　風俗店の火災では過去に悲惨な事案がある。２００１年に発生した新宿歌舞伎町のビル火災だ。発生は9月1日午前1時ごろだった。ビル３階のエレベーターホール付近から出火し、３階のゲーム店と4階の風俗店の客や従業員44人が一酸化炭素中毒などで死亡し、ゲーム店従業員３人が窓から飛び降りてけがをした。ずさんな防火管理が被害を拡大させたとしてその後、ビル所有会社の役員らが業務上過失致死傷罪などで起訴され、５人の有罪判決が確定した。２００２年に立ち入り検査権や罰則を強化した改正消防法が施行されている。火災の拡大が急速なことから、警視庁は何者かが放火したとみて現在も捜査班を新宿警察署に置いて捜査を続けている。

「風俗店の火災は、店側の防火管理の不徹底が原因として最も多い。店側に常日頃、立ち入ることができる風俗警察がそうした点にも目を光らせ、消防当局に通報するなど、協力・連携体制を築いていくことが重要だ」（前出・捜査関係者）

風俗警察と消防の情報共有・連携体制の本格的な構築が求められていると言えよう。

第5章　わいせつの基準をめぐって

■３Ｄデータをわいせつ物と認定

「女性器にまつわるいやらしいイメージを覆し、明るく楽しい芸術作品を作れたと思っている」

２０１５年11月。東京地裁の被告人質問の法廷で女性芸術家はこう述べて、事件の発端となった作品を作るようになった経緯を説明した。

風俗警察である警視庁生活安全部保安課は、自身の女性器の３Ｄデータを配布したとして、わいせつ電磁的記録頒布の疑いでこの女性芸術家を２０１４年７月に逮捕した。保安課によると、３Ｄデータをわいせつ物と認定して立件するのは全国で初のケースという。データは数字や文字の羅列だが、保安課は３Ｄプリンターに入力すると石こうなどで形状を再現できるとして、わいせつ物に当たると判断した。

逮捕容疑は3月、インターネットを通じて自身の陰部の３Ｄデータを香川県の男性会社員（30歳）に配った疑いだ。逮捕当時、芸術家は保安課の調べに対し「そのものの画像ではなく、警察がわいせつと認めたことに納得がいかない。私にとって手足と一緒と思っている。データがわいせつとは思わない」と否認している。

芸術家は女性器をかたどったボートをつくるための資金を募っており、応じた男性に見返りとしてデータを提供したのだった。２０１４年6月末までの時点で全国から約１００万円が集まったという。芸術家はその後、２０１４年12月にも同じ容疑で逮捕される。同時に、芸術家の作品を店に展示したとしてショップ経営者の女性も逮捕されている（注：経営者の女性は、その後罰金30万円が確定）。

■わいせつ物専門の捜査班による摘発

「これはまずいな。やりすぎだ」

２０１４年当時、捜査に当たった警視庁生活安全部保安課の元幹部は、保安課で初動捜査を担当する保安情報捜査係からの報告書に添付された写真を見て思わず言葉が出てしまったという。その写真はまぎれもなく、女性芸術家の自らの女性器の３Ｄデータ化された画像だったからだ。

インターネット上の違法画像、動画などを監視しているのは保安課の保安情報捜査係である。保安情報捜査係には、ＩＴ技術を知悉《ちしつ》した民間企業からの中途採用警察官、「特別捜査官」出身の捜査員が所属しており、ネット上の違法画像に関する捜査・追跡活動を一手に担っている。保安情報捜査係は、わいせつ事件に関する捜査を行う風紀第一係と連携し、女性芸術家に対する内偵捜査がスタートする。前述したが、内偵捜査は対象者本人に知られることなく、さまざまな情報を集め積み上げていく捜査手法だ。

2014年7月早朝。世田谷《せたがや》区内某所に、警視庁保安課の捜査員たちの姿があった。マンションのインターホンを鳴らす捜査員。数十秒後にドアが開き、5人の捜査員が女性芸術家の部屋に向かう。いち早く情報をつかんだのだろう。マンション外には報道カメラマンの姿も散見される。捜査車両に乗せられた女性芸術家はその後、警察署に引致され、わいせつ電磁的記録頒布の疑いで逮捕された。

芸術家は2013年から2014年にかけて、東京都文京区のアダルトショップで女性器をかたどった石こうに着色や装飾を施した作品3点を展示したほか、活動資金を寄付した出資者に自分の女性器の形状を3Dプリンターで再現できるデータを配った。

そして2016年5月9日。判決で東京地裁は立体データのわいせつ性を認め、女性芸術家に対して罰金40万円を言い渡した。一方、実際に作った女性器の形状に着色や装飾を施した展示品には芸術性を認め、わいせつ物陳列罪は無罪とした。求刑は罰金80万円だった。

判決の理由について、田辺三保子《たなべみほこ》裁判長は「立体データは女性器の形状がリアルに再現されて生々しく、閲覧者の性欲を強く刺激する」と指摘した。

しかし、展示品は「皮膚とは異なる着色や周囲の装飾で、ただちに女性器とは連想させない」とした上で「ポップアートの一種と捉《とら》えることは可能で、芸術性、思想性がある」と判断した。

芸術家は公判で、データも含め「アート作品で、わいせつではない」と無罪を主張し続けた。弁護側は「データは平面の起伏のみで無機質。色彩や陰影を含まず、現実感に欠ける」と訴えていた。

判決後の記者会見で芸術家は「女性器＝わいせつという観念から逃れられていない判決」と批判したが、「作品がポップアートと認められ、うれしい」とも述べている。

その後の2017年4月13日の控訴審判決では、東京高裁は一部を無罪とした上で罰金40万円を言い渡した一審の東京地裁判決を支持し、被告と検察側双方の控訴を棄却した。被告側は即日上告した。

秋吉淳一郎《あきよしじゅんいちろう》裁判長は「展示品を女性器だと認識するのは困難」と述べ、わいせつ物陳列罪は成立しないとする一方、立体データについては「女性器が生々しく表現され、閲覧者の性欲を強く刺激する。データ自体から芸術性、思想性を見いだすのは困難」とわいせつ性を認めた。

弁護側は「データ提供は芸術活動の一環で正当行為に当たり、違法性は否定される」とも主張。秋吉裁判長は、一審判決とは異なり、作品以外の事情によって違法性が否定されることもあり得るとの判断を示したが、今回はそのケースに当たらないと結論付けた。

芸術家は高裁判決後に開いた記者会見で「女性器をわいせつと見られるのはおかしい。判決には不満だ」と話している。

美術界も巻き込みさまざまな議論が巻き起こった事件。風俗警察の摘発理由は司法の判断でもしっかりと裏付けられたと言える。

■有名写真家の書類送検の波紋

何がわいせつの基準になるのか。かつてある有名写真家が書類送検された事件は日本国内に衝撃を与えている。発端は写真家が２００９年１月に出版した写真集の撮影に関してだった。

１年以上前の屋外でのヌード撮影をめぐり、警視庁生活安全部保安課風紀一係は２０１０年１月、写真家篠山紀信《しのやまきしん》さんとモデル２人を公然わいせつ容疑で書類送検した。問われたのは作品のわいせつ性ではなく、屋外撮影の違法性だった。住民の通報が端緒になった。容疑は、２００９年１月発売の写真集「２０ＸＸ　ＴＯＫＹＯ」のため、２００８年８月から10月の夜間や未明に東京都内の霊園や百貨店前など12カ所で、不特定多数の目に触れる状態で、女優２人の裸を撮影したことだ。２００８年９月に港区の橋の上で撮影中に付近の住民に１１０番通報され、警視庁に「水着で撮影していた」と始末書を提出した。しかしその後も撮影を続行した点が悪質とされ、保安課は２００９年11月、公然わいせつ容疑で事務所などを家宅捜索した。

日本ペンクラブは「屋外での写真撮影への公権力介入を憂慮する」との声明を発表。一方、日本写真家協会は、篠山さんが違法性を認めた点、端緒が住民の通報だった点を考慮し態度を保留した。協会は報道各社の取材に対し「抗議の旗を揚げていいのか悩んだ。社会の目が厳しくなっており、表現者はますます信念を持って撮影しなければいけなくなっている」とコメントしている。

2010年5月。東京区検は、礼拝所不敬と公然わいせつの罪で写真家篠山紀信さんを略式起訴した。「撮影場所やポーズは全て篠山さんが決めた」として、モデル2人は起訴猶予とした。

事件は表現の自由をめぐり論議になったが、検察側は、（1）祖先の墓がある市民が不快な思いをした、（2）通行人の通報を受けた警察に対し「下着をつけていた」と嘘の上申書を提出して撮影を続けた、この2点を特に悪質と判断、現場を墓所に絞って立件した。礼拝所不敬罪は、仏堂、墓所などの礼拝所に対し、公然と尊厳を汚す行為で、法定刑は6カ月以下の懲役もしくは禁錮《きんこ》、または10万円以下の罰金。わいせつ事件で適用されるのは極めて異例だった。

篠山さんは略式起訴を受け、おわびとともに文書を公表した。

撮影は人のいない場所を選んで夜間に行い、目隠しの遮へい板も立てるなどし、裸の上にガウンを羽織ったモデルが撮影の瞬間だけ（数秒から長くて1、2分）裸になった。まさか「公然わいせつ罪」に触れるとは思わなかった。40年間この手法でおとがめもなく、純粋に作品をつくり上げる行為は表現者の自由の範囲と考えていたからだ。

だが、警察の見解は「罪に当たる」の一点張りで容疑を認めざるを得ず、主張に従った。撮影現場に使われ、不愉快な思いや怒りを感じた方には深くおわびしたい。モデルやスタッフにも巻き込んだことを申し訳なく思う。

事件はいろいろな疑問を残した。今後、戸外のヌード撮影は一切できないのだろうか。野外に完全密室などあり得ない。「２０ＸＸ　ＴＯＫＹＯ」は写真作品として東京を表現するための創造の発露であり、純粋な創作行為は何者も止めることはできない。事件をきっかけに創造のエネルギーが抑止され、表現することが窮屈になってしまわないだろうか。

新しい表現、時代と密接にコミットする表現は常にこのような事件に抵触する危険をはらんでいる。僕は事件を真摯に教訓として受け止めた上で、さらなる新しい表現に果敢に挑んでいきたい。

東京地検は「あくまで撮影行為に違法性があり、処分において『表現の自由』の是非はまったく考慮していない。写真集そのものが刑事事件の対象になったわけではない」と説明している。刑事訴訟法が専門のある大学教授は、礼拝所不敬罪について「芸術と言いながら、人の感情を害するようなことを何度も平気でやる。検察は警告を与える意味で適用したのだろう」と指摘した。また芥川《あくたがわ》賞作家の僧侶《そうりょ》、玄侑宗久《げんゆうそうきゅう》さんは共同通信社の取材に「芸術家としての欲求はわからなくもないが……」と一定の理解を示した上で「もし自分の寺だったとしたら、お断り。寺でもさまざまなイベントは開くが、それとは違う。墓地で脱ぐ行為に感じるのは、場に対するある種の暴力」と話している。

それから6年後の2016年9月。篠山さんは写真展開催にあたり、共同通信社の取材の中で2010年の事件についてたずねられる。篠山さんは反論することもなく淡々と罰金を納めたと当時を振り返り、「路上ヌードなんて、1960年代から僕は撮ってきた。でも（罪になるかどうかは）時代の空気が決めることだから仕方がない」と答えている。

風俗警察は時代の空気を感じ取り、規制を適用するか否か慎重に判断していると言えるだろう。

■「有害図書」規制の現場

２０１３年７月。わいせつな月刊誌を頒布したとして、警視庁生活安全部保安課風紀一係は、わいせつ文書頒布の疑いで、出版社Ｃ社の取締役で編集部長と編集長の男２人の計３人を逮捕した。逮捕容疑は２０１３年３月中旬、わいせつな写真月刊誌約３万６０００冊やコミック誌約２万４５００冊を取次店に頒布した疑い。

保安課によると、編集部長ら２人は「頒布したが、わいせつに該当しない程度に編集した」と容疑を否認。もう１人は容疑を認めている。写真誌は全国の約２８００店、コミック誌は約３０００店で販売され、計約１７００万円の売り上げがあったという。

Ｃ社は１９８５年設立。警視庁は１９９８年以降、同社にわいせつな表現を改めるよう18回にわたり警告などをしていたが、一時的に改善されるだけだったことなどから摘発に踏み切ったとされる。

風俗警察が打ち出す摘発の判断基準。時代の空気を感じ取るという難行だが、裁判での判例を吟味するという作業を伴っている。そもそもわいせつ性の判断基準は、いわゆる１９５１年の「チャタレイ事件」の最高裁大法廷判決など判例の積み重ねで確立されている。

チャタレイ事件の最高裁判決では、刑法の指す「わいせつ」とは「いたずらに性欲を興奮又は刺激せしめ、かつ、普通人の正常な性的羞恥心《しゅうちしん》を害し、善良な性的道義観念に反するもの」をいうと判断している。また、1980年の「四畳半襖の下張事件の最高裁判決」では、わいせつの判断基準として、文書のわいせつ性判断にあたり、当該文書の描写叙述の程度とその手法、文書全体に占める比重、文書の構成や展開、芸術性等による性的刺激の緩和の程度とその手法、これらの観点から文書全体として読者の好色的興味に訴えるものかどうかなどの点を検討し、その時代の健全な社会通念に照らして決すべきであるとしている。

整理すると、(1)「露骨な描写や手法の有無」、(2)「全体に占める比重」、(3)「芸術性や思想性の程度」などを出版物全体から検討し「いたずらに性欲を刺激させ、性的羞恥心を害し、道義観念に反する」と違法になるという判例が通説となっているのだ。

風俗警察の捜査関係者は言う。

「写真はもちろんだが漫画を構成する絵は写真や映像と違って、手書きの線や点で描かれている。現実世界の事物が絵の中ではデフォルメされて伝えられることが多い。漫画の描写は時に、人の情緒や官能に訴えて想像力を掻《か》き立てる。漫画においては性的刺激の強さが判断基準なんだ」

警視庁保安課風紀一係のわいせつ物捜査班が、日夜、わいせつとは何かを時代から読み取る作業を行っているのだ。

第6章　風俗警察のこれから

■AV出演強要を徹底捜査

風俗警察＝警視庁生活安全部保安課が現在、課を挙げて徹底して取り組んでいるのが「AV（アダルトビデオ）出演強要事案」である。AV出演強要問題とはモデルやタレントとしてスカウトされたりネットを通じて応募したりした女性が、アダルトビデオ出演を強要されることだ。内閣府が2016年12月に初めて実施した実態調査では、モデル契約などをした10代から30代の女性197人中、約4分の1が性的な行為の撮影を求められたと回答している。政府は2017年5月、全国の警察に勧誘行為を摘発することを盛り込んだ対応策をまとめるなど、取り締まりを強める方針を鮮明にしている。アメリカ国務省が2017年6月に発表した世界各国の人身売買に関する報告書で取り上げられるなど、国際的にも問題視されている。

警察庁はこうした流れを受けて、各種法令を適用した厳正な取り締まり、スカウトに対する街頭での指導や警告、各種広報媒体を活用した被害防止対策、相談窓口の周知活動、全国の警察の担当者に対する研修を実施している。また警視庁をはじめとする全国警察の風俗警察部門に「アダルトビデオ出演強要問題専門官」が置かれている。

日本最大の警察本部、警視庁の風俗警察である保安課では、風紀第一係と保安第三係が共同でAV強要の取り締まりを行っている。保安課のAV出演強要問題専門官はこの風紀一係に配置されている。

「AV出演強要問題専門官は管理官級の警視が就く。AV業界にコネクションを持ち、同種事案の捜査経験が豊富なベテラン捜査官から登用されている」（捜査関係者）

風俗警察のAV強要摘発への意気込みを象徴する逮捕事案が2018年1月にあった。捜査関係者への取材に基づき、ドキュメント形式で振り返ってみる。

端緒は2015年4月のことだった。都内の繁華街で20代の女性がスカウトに声を掛けられた。

「グラビアモデルになれるよ。うちの事務所でスカウトしたい」

女性は密《ひそ》かにモデルの仕事に興味を持っていた。話は進み、事務所と所属契約を交わす。仕事らしい仕事はなかったが、プロフィール写真をスタジオで一度だけ撮影した。その2カ月後、女性は事務所の会議室に呼び出された。部屋には事務所の元従業員の堂本義明（35歳）＝仮名＝と、監督と名乗る目黒淳（51歳）＝仮名＝だった。

「モデルになるためには必要なんだよ、ビデオの出演。出てくれるよね」

堂本が有無を言わせぬ雰囲気を漂わせて言う。女性は背筋が冷たくなった。続いて、サングラスをかけていた目黒が口を開く。

「これも芸能界で生きていくためには必要なんだよ」

堂本が凄《すご》みを利かせて合いの手を入れる。

「あなたのプロフィール写真の撮影にいくらかかったと思っているの？　1本くらいは出てもらわないとこちらも困るんだよ」

女性は恐怖に震えながら、中野《なかの》区内の撮影スタジオに連れられてしまう。スタジオに到着するとすでにスタッフが勢ぞろいしており、中央のベッドには色黒の男優が微笑んで座っていた。

「さあ、始めるぞ」

女性は事務所内とはうって変わった監督の目黒のテンションに驚いたことまではбыло確かではっきり記憶している。その後、もう1本の撮影に応じてしまった女性は110番通報を入れる。

事件情報はすぐさま通信指令センターから、生活安全部保安課風紀一係のAV強要捜査班に通報された。早速開かれた捜査会議で、AV出演強要問題専門官でもある捜査班長が檄を飛ばす。

「絶対許せない事案がまた起こってしまった。本件は淫行《いんこう》勧誘罪の適用を目指す」

日本最強の風俗警察・警視庁保安課のエンジンが本格稼働した瞬間だった。

捜査のポイントは淫行勧誘罪の適用の可否だった。淫行勧誘罪は刑法の１８２条に記載されている。

第一八二条（淫行勧誘）
営利の目的で、淫行の常習のない女子を勧誘して姦淫させた者は、三年以下の懲役又は三十万円以下の罰金に処する

女優がプロダクションなどから出演料として対価を受け取るＡＶは、売春防止法違反での立件が困難とされている。警察当局はこれまでＡＶの撮影を「有害業務」と認定し、労働者派遣法や職業安定法を適用したり、契約書へのサインの強制を強要容疑で摘発したりしてきた。

保安課は今回の事案で元従業員らがＡＶに出演したことのない女性を無理やり出演させたとされる行為を、刑法の淫行勧誘罪が規定する「営利の目的で、淫行の常習のない女子を勧誘して姦淫させた」行為に該当すると判断した。

２０１８年1月17日、横浜市内の自宅にいた堂本、都内にいた監督の目黒は保安課捜査員の訪問を受け、それぞれ淫行勧誘と労働者派遣法違反の疑いで堂本の後輩の元従業員の男（31歳）も併せて逮捕される。

保安課によるその後の調べでいきさつが判明する。女性は出演を拒否していたが、実は目黒からの依頼で、堂本が出演について説得していたことも明らかになった。女性は作品2本に出演したが、受け取った報酬は約22万円だった。

「女性の勧誘は路上での声掛けのほか、最近はインターネットやSNS上で個人撮影会やモデル、商品モニターの募集を装うケースも増えている。後になってAV撮影と知り、出演を拒否すると違約金を請求されることや面接段階で撮影した裸の写真をばらまくと脅されることもある。今後も一つ一つの事案に対して、その都度適用できる法令違反を検討して厳しく取り締まっていく」（保安課幹部）

AV強要摘発は今後も保安課のメイン業務となるだろうと幹部は言う。その上で、業界の自主努力も期待したいとしている。

■児童ポルノ単純所持　7000人顧客リストの衝撃

「開けろ！　警視庁だ」

捜査員の怒号が辺りに響いた。2017年5月1日。目黒《めぐろ》区内のマンションの1室に警視庁生活安全部少年育成課・福祉犯第二、福祉犯第三係の捜査員ら10人がなだれ込んだ。室内にいた男の身柄がすぐさま確保される。室内にはDVDが山積みになっていた。60代の男は会員制販売サイト「厳選DVDショップありす」の関係者だった。このサイトは風俗警察内部では「ロリータDVDを販売し荒稼ぎしている専門店」として認識されていて、サイバーパトロールの監視下に置かれていたのだった。男の他に3人が逮捕されている。容疑は、インターネットで児童ポルノDVDを販売したとされる児童買春・ポルノ禁止法違反だ。警視庁は関係先9カ所を家宅捜索。押収したパソコンなどを分析したところ、そこに残されていたのは、国内では最大規模とみられる約7000人もの購入者リストだった。

「これほど多くの購入者数を記録したリストは押収例がなかった。まさに捜査においては宝の山を見つけたという感覚だった」（捜査関係者）

リストには、氏名だけでなく、メールアドレスや購入したＤＶＤのタイトルなども記載されていた。後に捜査で判明するが、職業は、日常的に子どもに深く関わる小学校教員や塾経営者から、警察官や市議会議員、県庁職員らまで幅広く、児童ポルノ問題の深刻な状況をうかがわせる内容に満ちていたのだった。

児童ポルノは、所持していること自体が違法行為となる。２０１４年7月から、自己の性的好奇心を満たす目的で児童ポルノを所持した者（自己の意志に基づいて所持するに至った場合）については、１年以下の懲役又は１００万円以下の罰金が科される。児童ポルノに係る電磁的記録を保管した者も、同様の罰則が適用される。児童ポルノの所持罪は、インターネットの発達により児童ポルノ関連の犯罪被害に遭う児童が増え続けていることや、国際社会からの強い要請があったことなどから導入されている。

この事件では、ＤＶＤの送付先は自宅ではなく、郵便局で品物の受け取りができる「局留め」を多用。購入者が家族らに知られるのを防ぐことができる一方、郵便局から引き取る際は身元確認が必要なため、割り出しができれば、捜査の重要な手掛かりになる可能性も高かった。

リストを精査した警視庁はその後、事件化が可能と判断した約２７００人分のデータを、関係各地の警察本部に提供する。そして２０１７年秋ごろから捜査が本格化し、これまでに２００人以上が児童ポルノの所持容疑で摘発されている。ある県警では所持容疑の家宅捜索で別の子どもの映像データを発見、児童館のトイレで盗撮していた男の逮捕につながっている。このようにリストの捜査をきっかけに露見した事件もいくつかあり、警察関係者は「リストをもとに攻めの捜査ができている」と話す。

警察庁の集計によると、２０１７年の１年間に摘発された児童ポルノ事件の内訳は、子どもの裸の写真を撮影する「製造」が１４１４件で、前年比約１割増。小児性愛者らがグループで画像を共有するなどの「提供・公然陳列」が７９８件でほぼ横ばいだった。これに対し、子どもの裸の画像を保有する「所持等」は２０１件で、前年の約３倍に増加し、リストによる捜査の効果が表れたことがうかがえる。

近年は、スマートフォンで自ら撮影した裸の画像を送信させられる「自画撮り被害」が拡大しているが、子どもは会員制交流サイト（ＳＮＳ）などで知り合った相手と直接やりとりをしている。画像を共有するグループも、限られた仲間内だけで情報交換。ＤＶＤ販売業者のような外部の存在を挟まないため、購入者リストのような端緒は残らず、被害の潜在化が進んでいる恐れがある。

2017年から続く購入者リストに基づく摘発は、被害全体の実態から見れば氷山の一角でしかない可能性が高いが、ある捜査幹部は「日本の児童ポルノ問題は、世界的にも有名になっている。需要があるから被害が生まれるのであり、ちゃんと摘発していかないといけない。リストによる捜査は、児童ポルノ自体が悪だと警鐘を鳴らせた」と意義を強調している。

7000人の購入者リストは確かに風俗警察にとって宝の山となったが、負のデータも見つかってしまった。リストの履歴から、犯罪を取り締まる立場の警察官も摘発されてしまったことだ。日本最大の警察本部である警視庁からは3人が浮上。調査の結果、3人はそれぞれ30代から40代の警部補と巡査、一般職員と判明。3人は容疑を認め、その後依願退職している。他にリストから判明したのは皇宮警察本部の皇宮護衛官、和歌山県警の巡査長、高知県警の警察官で、同様に容疑を認め、その後退職している。

捜査関係者を驚かせたのは、人気漫画『るろうに剣心』の作者も購入者リストに含まれていたことだ。2017年10月、警視庁の捜査員が作者の自宅や事務所など関係先を一斉に捜索した。そこでは18歳未満の女児の裸が映る動画が収録されたDVDが数十枚、発見されたのだ。作者は調べに対し容疑を認め「女児の裸に興味があった」と話した。

■児童ポルノ摘発　2017年は過去最多

2017年の1年間に全国の警察が摘発した児童ポルノ事件は、前年より316件多い2413件で、過去最多を記録したことが警察庁のまとめで明らかになっている。摘発人数も最多を更新する1703人で、4年連続の増加となり、子どもがSNSなどで知り合った相手にだまされて、自分の裸の画像を送ってしまう「自画撮り被害」が依然として多いこともわかった。

警察庁関係者は「(画像が)一度ネット上に拡散すると完全に削除するのは非常に難しい。次代を担う子どもたちのため、取り組みを進めていかなければならない」と警察当局としても抜本的な対策に取り組んでいく方針を示した。

都道府県警別で多かったのは神奈川県警の239件。ほかは警視庁の190件や愛知県警の182件、福岡県警の129件となっている。少なかったのは島根県警の6件や山梨県警の8件などだった。

画像解析などから人物が特定できた被害者は1216人で、ほとんどが女性だった。内訳は、高校生が39・2%、中学生が36・3%で、両者の合計は75・5%だった。ほかは小学生が18・7％、未就学の子どもも3・0％などだった。

■自画撮影を条例で規制

中高生らが自分の裸を「自画撮り」して他人に送り、画像が悪用される被害を防ぐ——。警察庁のまとめから明らかになった「自画撮り」被害をなくそうと、画像の送信を求める行為に罰金を科す東京都の改正青少年健全育成条例が2018年2月1日から施行された。子どもがインターネットで知り合った相手にだまされたり脅されたりして送るケースが後を絶たないためで、要求行為を禁止する条例施行は全国で初めてとなった。

改正条例では、都内に在住もしくは在学するか、遊びに来た18歳未満に対し、①威迫する、②金銭の支払いを約束する、③同性に成り済ましてだます——といった不当な方法で自画撮り画像を要求した場合、30万円以下の罰金が科されるものだ。要求した側が都外にいても、実際に子どもが画像を送らなくても規制の対象となる。

警察庁がまとめ、過去最多となった2017年の児童ポルノ摘発の内、被害状況の分類では、スマートフォンで自分の裸を撮影させて送信させる「自画撮り被害」が42・4％で最多となっている。

自画撮り被害の分析では、子どもと加害者との関係で最も多かったのは「面識なし」の80・２％で、このうちの大半がＳＮＳなどで知り合っていた。ほかは「友人・知人」が11・３％、「(元を含む）交際相手」が７・４％などとなっている。

児童ポルノはインターネット上で活発にやりとりされ、流通する。そうしたネット上の情報は一般ユーザーから「インターネット・ホットラインセンター」に通報される。その情報はセンターから警察当局に更に通報され事件捜査の端緒となる。センターは同時にプロバイダーとインターネット掲示板の管理者に削除依頼を行うよう要請する。２０１６年中にインターネット・ホットラインセンター削除依頼を行った違法情報１万７１０６件のうち１万６８３８件、実に98・４％が削除されている。

センターに通報された情報には海外のサーバーに蔵置されているものもある。このうち児童ポルノについては、各国のホットライン相互間の連絡組織である「ＩＮＨＯＰＥ（＝International Association of Internet Hotlines)」の加盟団体に対し、削除に向けた措置を依頼している。ＩＮＨＯＰＥは１９９９年に設立され、２０１８年5月現在、日本のインターネット・ホットラインセンターを含む52団体が加盟している。

警察当局は「サイバーパトロール」とインターネット・ホットラインセンターからの通報に対しては「全国協働捜査方式」を活用し、捜査の端緒情報を共有している。全国協働捜査方式とは、センターから警察庁に通報された有害情報について効率的捜査を進めるため、情報の発信元を割り出すための初期捜査を警視庁が一元的に行い、捜査すべき都道府県警察を警察庁が調整する方式で、2001年7月から実施している。警察当局にとってインターネット・ホットラインセンターは捜査支援を行う頼もしい存在なのだ。

■風営法大改正　特定遊興飲食店を摘発

「ダンス規制が緩和される格好となって、正直がっかりした」

こう語るのは警視庁幹部。一連のダンス規制の無罪判決を受ける形で2015年に改正された風営法。この大改正で条文から「ダンス」という文字が消滅したのだった。

（改正前の条文）

第2条

この法律において「風俗営業」とは、次の各号のいずれかに該当する営業を言う。
一　キャバレーその他設備を設けて客にダンスをさせ、かつ、客の接待をして客に飲食をさせる営業
二　待合、料理店、カフェーその他設備を設けて客の接待をして客に遊興又は飲食をさせる営業
三　ナイトクラブその他設備を設けて客にダンスをさせ、かつ、客に飲食をさせる営業
四　ダンスホールその他設備を設けて客にダンスをさせる営業
五　喫茶店、バーその他設備を設けて客に飲食をさせる営業で、国家公安委員会規則で定めるところにより計った客席における照度を十ルクス以下として営むもの

改正後の条文にはダンスの文字が消え、新たに設けられた「特定遊興飲食店」の定義が登場している。

（第2条の11）

この法律において「特定遊興飲食店営業」とは、ナイトクラブその他設備を設けて客に遊興をさせ、かつ、客に飲食をさせる営業（客に酒類を提供して営むものに限る。）で、午前六時後翌日の午前零時前の時間においてのみ営むもの以外のもの（風俗営業に該当するものを除く。）をいう。」

そもそもダンスは風営法の規制の対象だった。１９４８年制定の風営法は、男女がペアで踊るダンスホールでの売買春を防ぐことを目的に、ダンス営業を風俗営業と定めた。営業には都道府県の公安委員会の許可が必要。営業時間は原則午前0時までで、営業区域も制限されている。非営利のダンス講座などは規制の対象外。騒音や暴力のトラブル増加を背景に、警察は２０１０年ごろから取り締まりを強化した。それから大阪のＮＯＯＮ裁判を受けて、風営法の改正へとつながった。

特定遊興飲食店という新たな形態での営業を迫られることになった業界だが、２０１８年1月、この特定遊興飲食店の無許可営業容疑で東京・渋谷の有名店が、風営法の改正後に全国で初めて摘発された。

1月28日午前2時過ぎ。警視庁保安課・査察係の捜査員ら20人が、老舗のクラブ店として常連客の間で知られる「青山蜂」に家宅捜索に入った。特定遊興飲食店を取り締まる保安課査察係は、風俗店等の営業形態が条件を満たしているかなどを立ち入ってチェックしている。違法行為があれば警告の上、摘発に踏み切る。

青山蜂に捜索に入った捜査員の傍らの店長に経営者から連絡が入った。電話を代わった捜査員は経営者を呼び、渋谷署で事情聴取した。その後、経営者は風営法違反（無許可営業）容疑で逮捕された。逮捕後の取り調べについて、経営者は後に、バズフィードジャパンの神庭亮介《かんばりょうすけ》記者の取材に次のように答えている。

Ｑ．逮捕容疑は、深夜に酒と遊興を提供する「特定遊興飲食店」の無許可営業でした。

警官からは「ＤＪブースがあって、楽しませようと煽って、踊らせていたわけですよね」と言われて。

私は「ＤＪは選曲家で、カフェやラウンジのように雰囲気をつくるためのプレイもある」と主張したのですが、「結局のところ、お客さんを楽しませようとしている。それは遊興をさせようという意思なんですよ」と取り合ってもらえませんでした。

クラブ「ＮＯＯＮ」の裁判では、最高裁で無罪判決が確定しましたよね。そのこと

について取調官に尋ねると、「あれは過去の話。もう古いですよ。いまは新しい法律ができたし、全然そういう状況じゃないですから」と言われてしまいました。
Q. 青山蜂は特定遊興飲食店の営業エリア外で、そもそも許可の取得ができません。
取り調べでは「法律的に許可が取れるエリアには入っていない。営業できないことはわかってましたよね」「昨年も2回注意しましたよね」と聞かれました。

内偵捜査でパーティーの様子も確認しているし、証拠の動画もバッチリ撮っているからと。
Q. 警察からは、いつごろ、どんな形で注意があったのでしょうか。
1回目は昨年の7月です。「無許可営業の疑いがある」という呼出状を受け取り、私と店長とで渋谷署へ赴きました。

担当者は20~30代の若いお巡りさんでした。逮捕後の取調官とは別の人です。その時は確か、こんな風に訴えたように記憶しています。

「踊らせているつもりはありません。良質な音楽をかけて、お酒を提供して、素敵な空間をつくる商売です」

「座って喋っている人もいれば、雰囲気を楽しんでいる人もいる。踊るのはお客さんの自由ですが、踊らせることだけが目的の店ではありません」

しかし、警官の答えは「ＤＪブースが置いてあり、ＤＪがいる時点で遊興を煽っていることになる。ＤＪは楽しませるためにいるんじゃないんですか？　楽しませるということは遊興なんですよ」というものでした。

Q．注意を受けて、何かしら対策をとったのですか。

呼び出しの後、弁護士にも相談して対応を考えました。飲食スペース（甲室）と遊興スペース（乙室）を完全に分ければ、特定遊興飲食店に該当しないと知り（詳細は警察庁のチェックリスト参照）、蜂でもやってみたんです。

蜂には2、3、4階があり、2階のＤＪバーと4階のラウンジバーでお酒を売って、3階がメインのフロアになっていました。

4階はもともと踊れない構造でしたが、2階の方もソファやテーブルを置いて踊れないようにした。「深夜0時以降はダンス禁止です」という張り紙もしました。

逆にＤＪブースのある3階はドリンクの持ち込みができないようにして、「遊興」専用ということにしました。

誓約書も書き、その後も営業を続けていた。しかし経営者は2度目の呼び出しを受ける。経営者がその場でスペースの分離について伝えると「抜け道だからダメだ」と担当刑事に言われ、改善を求められたという。その5カ月後に逮捕となった。

店は1カ月で約250万円を売り上げていた。警視庁は2017年7月と8月、無許可営業について経営者に口頭で注意。始末書も書かせたが、改善されなかったとしている。店の営業をめぐっては、地元の町内会が同11月に取り締まりを求める嘆願書を警視庁に提出していた。

「摘発に当たっては地元住民の苦情という点でも弾みがついた。ダンス規制緩和、法改正に対するリベンジという声も現場には根強い」(捜査関係者)

青山蜂は2018年3月10日に営業を再開した。特定遊興飲食店の対象の地域外で新たに許可を取ることができないため、午前0時までの風営法に触れない時間帯だけの営業としている。

■違法動画を駆逐せよ

保安課捜査員の間で大型事件として話題に上る「P事件」という事件がある。P事件は2017年に発生し、わいせつ動画の違法配信で国内2県、そして海外も巻き込んだ風俗警察史上類を見ない、大掛かりなサイバー事件でもある。

事件の端緒は警視庁保安課の「サイバー捜査班」の情報入手がきっかけだった。前述したが、保安課でネット上のわいせつ動画配信などを監視し摘発しているのは、保安情報捜査係のサイバー捜査班である。摘発の際には、わいせつ事案全般を捜査する風紀一係も加わる。サイバー捜査班にはIT技術を知悉《ちしつ》した民間出身の特別捜査官の精鋭も所属している。

2017年1月。都内の繁華街の路上。派手な服装の年配の女を7人の保安課捜査員が取り囲んだ。

「Bだな。警視庁保安課です。あなたには犯罪の嫌疑がかかっている。ご同行願いたい」

女は抵抗することもなく、両脇を女性捜査員に抱えられ近くに待機していた捜査車両に乗せられた。無修正のわいせつ動画をインターネット配信したとして、警視庁と静岡、愛知両県警は、わいせつ電磁的記録頒布の疑いで東京都内のＡＶ制作会社「Ｐ」の社長で台湾籍の女のＢ（当時67歳）と従業員ら計６人を逮捕した。保安課によると、Ｂらは２０１６年８月、わいせつ動画を撮影し、台湾の会社を介しアメリカの動画配信サイト「カリビアンコム」で販売。台湾の会社は２００７年２月から約９年間でＰ側に計約13億７０００万円を支払っていたという。

「制作会社のＰはかねてから我々の視察対象だった。内偵捜査に基づいて経営者のＰの交友関係をチャート化して整理し、Ｐからつながる人物を捜査対象に加えて拡げていった」（捜査関係者）

Ｂらの逮捕の２カ月後の２０１７年３月。Ｐ事件は更に拡がりを見せる。

動画の撮影現場にＡＶ女優を派遣し、動画サイトでの配信を手助けしたとして、警視庁保安課・静岡、愛知両県警は、わいせつ電磁的記録頒布ほう助容疑で、芸能プロダクション「Ｄ」の社長（35歳）ら計５人を逮捕した。ＤはＡＶ制作会社に女優を派遣しており、２００９年から２０１６年11月までに約１億５４００万円を売り上げていたとみられる。

社長の他に逮捕されたのは元女優（25歳）とプロダクションの従業員（34歳）らだ。逮捕の容疑は２０１６年２月２日、東京都新宿区のスタジオに女優を派遣し、無修正のわいせつ動画の撮影や配信を手助けした疑いだった。無修正のわいせつ動画をめぐり、出演した女優や男優まで立件するのは極めて異例のことだ。風俗警察である警視庁保安課の威信をかけたサイバー捜査が実を結んできていた。そしてついに捜査の手は海外にまで及ぶ。

２０１７年3月。動画サイト「カリビアンコム」で無修正のわいせつ動画を配信したとして、わいせつ電磁的記録頒布の疑いで、サイトを運営する米国のグループ会社の社員で、アメリカ国籍のＳ（34歳）を逮捕した。警視庁保安課によると、アメリカにコンピュータサーバーが置かれているカリビアンコムによる無修正動画の配信をめぐって、運営側の人物を逮捕するのは初めてという。Ｓは、日本で撮影された無修正のＡＶ動画データを、配信前に圧縮する作業を担当していた。逮捕当時、日本に滞在しているとの情報を得た警視庁保安課が２０１７年３月３日に沖縄県恩納村《おんなそん》にいたところを逮捕したのだった。逮捕容疑は２０１６年８月17日、カリビアンコムのサイト上で、わいせつ動画を配信した疑い。カリビアンコムには約３７０人の日本人ＡＶ女優が出演する無修正アダルト作品が約４３００件登録されているという。

「アメリカにサーバーのある配信運営側に手を付けることができたのは良かった。風俗警察としての捜査はいまや海外関係機関との連携が必須となっている。つまり、国際捜査だ。

匿名化ソフトなどを用いてサーバーの位置を探るのも容易ではない。サイバー犯罪対策課との連携も図っていく」（警視庁幹部）

ネット上でのポルノ映像、ネットを通じたＡＶ販売を規制するための風営法改正から約20年。ＦＣ2サイトやチャットルームなど、あらゆる空間を利用しようとする業者と風俗警察との戦いは今も続いている。

■平成末期に台頭「パパ活」の実態

「パパ活は形を変えた愛人バンク以外の何物でもない。本格的な実態調査を進めている」（捜査関係者）

捜査関係者が憤りを隠さずこう話す「パパ活」。最近とみにメディアで多用されるようになったこのフレーズだが、火付け役は２０１７年秋に放送されたテレビドラマだ。「カラダの関係がなく、デートをするだけで金銭的支援をしてくれる男性との交際を意味する」とこのドラマのサイトにはうたわれていた。

「今度、パパ活を始めることにしたよ」

都内のある会社員男性は、知人女性にこうカミングアウトされた。女性は20代後半のOLで、仕事が休みの時はデリヘルで働いている。女性によれば、デリヘルの客からパパ活の存在を聞き、金銭的にも条件が良さそうだったので始めることにしたという。

インターネットでパパ活と検索すると、さまざまな運営会社やサイトがあがってくる。あるサイトを開いてみると、「男性の方」「女性の方」とバナーが分かれている。クリックすると「出会いの場を提供する」ことだけを殊更に強調しているように見える。気になる料金のページに飛んでみると、４つのコースに分かれている。最高ランクのコースでは入会金10万円、最低ランクは入会金３万円だ。紹介料はコースに応じて変化していた。

食事などをして一時の時間を過ごすデートクラブ。デートクラブ運営は、各自治体の条例により営業規則等が定められている。つまり届け出が警察に対してではなく自治体に対して必要となる「準風俗営業」にあたると言えよう。東京都では１９９７年に「東京都デートクラブ営業等の規制に関する条例」が定められている。

第一条　この条例は、デートクラブ営業及び利用カード販売業について必要な規制を行うとともに、これらの営業に係る特定の行為を禁止すること等により、青少年の健

全な育成を阻害する行為を防止し、及び清浄な風俗環境を保持することを目的とする。

条例では警視庁警察官による立ち入りも定められている。しかし、風俗警察による風営法の規制を受けるものではなく、あくまで自治体の条例による規制を受けるものがデートクラブ営業だ。実際に、都内のパパ活の運営会社も条例に従い届け出を行って営業しているとうたっている。あくまで自由恋愛が貫かれているとする運営会社側だが、男性客は買春を目当てに登録していることはほぼ間違いないと捜査関係者は指摘する。

「男性客の入会の際に、売春があるという認識で女性を紹介しているとなれば、売春防止法の周旋にあたる可能性がある」

1983年に愛人クラブという、いわゆるデートクラブが摘発され社会問題化したことがある。男女を出会わせる営業は古くから存在していた。電話を用いて女性を呼び出すという営業は日本では「私娼《ししょう》」として扱われていた。つまり、個人交渉で行われる地下世界の出来事であり、それほど世間の注目を集めることはなかった。1983年の愛人クラブの摘発という社会問題化した話題は、デートクラブという形態を世に広く知らしめるものだった。公衆電話に張られたり、ポスティングされたりしたピンクビラ、いわゆるピンクチラシを見た男性客がクラブに電話をかける。男性客はホテル等で待機しそこに女性がやってくるというスタイルだ。

風俗警察はデートクラブをあえて「風俗営業」として類型化しなかった。デートクラブは明らかな違法行為であって、正常な「営業許可」を与えることができないと風俗警察は判断した。

風俗警察＝警視庁保安課では、現在台頭している都内の複数の「パパ活」運営会社に対し、監視の目を光らせている。保安課風俗営業係、行政処分係、査察係の3つの係が連携してあたっている。

「風俗営業係は許可に関する部分を、行政処分係は違反行為がないか、あった場合に処分する。そして査察係が監視し内偵捜査している」（捜査関係者）

しかし、ある運営会社の関係者はパパ活を一律に立件するのは極めて難しいと話す。

「パパ活サイトにあふれる、女性からのメッセージの多くは『あくまで紳士的で優しい叔父様方とご一緒したいです。意味伝わりますよね……？』などと売買春をいわば抽象的な質問表現にしてカバーしている。更に、実際に行為が行われたとしても当人たちが恋愛関係だったなどと否定すれば罪に問われることはない」

こうした声に風俗警察も手をこまねいている状況ではない。捜査関係者によると、保安課では２０１８年11月現在、目下最大手とされる都内の運営会社を徹底的にマーク。売春防止法の周旋での立件に向けて詰めの捜査を行っているという。

■東京五輪へ　盛り場総合対策本部が本格稼働

警視庁は２０１８年7月24日、２０２０年東京五輪・パラリンピックに備え、外国人などの観光客がトラブルに巻き込まれるのを防ごうと、原宿《はらじゅく》・竹下《たけした》通りなどの繁華街で一斉パトロールを展開、犯罪防止を呼びかけた。竹下通りでは、原宿署員ら約20人が違法な客引きへの注意を呼びかけるティッシュを買い物客らに配布。看板が路上にはみ出た店に、改善を指導した。一方、歌舞伎町で開かれた式典では、警視庁の島根悟《しまねさとる》副総監が「観光客が安心して過ごせるよう地域の人と連携して環境浄化に努めたい」とあいさつした。

都内の繁華街、盛り場を安全安心なものにする──。全国有数の繁華街を管内に持つ警視庁。２０１３年に警視庁生活安全部生活安全総務課・生活安全企画第二係に盛り場総合対策本部を発足させた。東京五輪は、国立競技場など会場が都内に集中し、世界中から多くの観光客が来日する。警視庁の盛り場対策は、２０２０年東京五輪までに都内有数の繁華街を環境浄化することが最大のミッションだ。

盛り場対策は文字通り、都内の繁華街で起こり得るさまざまな違法行為を未然に防ごうと、警視庁生活安全部と組織犯罪対策部、それに盛り場を持つ警察署が連携して一斉に行うものだ。

警視庁本部に隣接する警察総合庁舎第二別館。５階建ての真新しいビルの３階ワンフロア入り口に「警視庁　盛り場総合対策本部」と書かれた看板が掲げられている。この本部にはほとんど捜査員がいない。本部長を兼ねているのは警察キャリアの指定席である、生活安全総務課長だ。

「生活安全部の筆頭課である生活安全総務課が司令塔となり、盛り場の犯罪事案に関連する、保安課や生活安全特捜隊を指揮するほか、薬物事案を扱う組対五課などとも協力して環境浄化にあたる」

捜査関係者によると、警視庁では「重点盛り場地域」として管内22の警察署管轄地域を指定している。

新宿歌舞伎町地区＝新宿署
池袋地区＝池袋署
六本木・西麻布地区＝麻布署
渋谷地区＝渋谷署
神田・秋葉原駅周辺＝万世橋署
銀座駅周辺＝築地署
新橋駅周辺＝愛宕署
赤坂駅周辺＝赤坂署
五反田駅周辺＝大崎署
蒲田駅周辺＝蒲田署
新宿三丁目駅周辺＝四谷署
巣鴨・大塚駅周辺＝巣鴨署
湯島駅周辺＝本富士署
上野駅周辺＝上野署
浅草駅周辺＝浅草署

赤羽駅周辺＝赤羽署
錦糸町駅周辺＝本所署
小岩駅周辺＝小岩署
吉祥寺駅周辺＝武蔵野署
立川駅周辺＝立川署
八王子駅周辺＝八王子署
町田駅周辺＝町田署

ご覧いただくとわかるように、全て大きな繁華街を駅周辺に持つ、まさに東京の誇る盛り場の数々だ。指定地区では、悪質で迷惑な客引き・キャバクラ等によるぼったくり・違法風俗店・賭博《とばく》店・暴力団による違法行為・違法薬物・違法看板が重点的に取り締まられることになる。

警視庁のねらいは「２０２０年東京五輪までに盛り場の環境浄化を図る――」ことに他ならない。本格的な盛り場対策にかじをきったのは、警視庁が実施したアンケート調査の結果を受けてであった。

Q４　２０２０年東京オリンピック・パラリンピック競技大会の開催を控え、盛り場・繁華街を更に安全で安心かつ魅力あふれた場所にするために、どのような対策を強化すべきだと思いますか。

執拗《しつよう》な客引きの排除……69・３％
危険ドラッグをはじめとする規制薬物対策……68・３％
「ＪＫビジネス」等少女の性を売り物とする店の排除……63・２％
防犯カメラの設置促進……62％
街の美化活動……61・３％
違法な風俗店の排除……60％
街頭パトロール活動……59・７％
いかがわしい看板等有害広告物の排除……58・１％
不良外国人対策……56・９％
不当に高額な料金請求をする店の排除……54・１％
暴力団の排除……52・３％
違法駐車の取締り……45・９％

執拗なスカウトの排除……44・8％
防犯ボランティア等による見回り活動の促進……43・4％
犯罪や危険な場所に関する情報提供……41％
少年の補導活動……37・5％
コピー商品、偽ブランド商品の排除……26・8％
インターネットカフェ等における本人確認……24・5％
カラオケや飲食店等の騒音対策……16・4％
※平成27年度けいしちょう安全安心モニター第2回アンケート調査結果
満18歳以上の都内在住者997人対象

アンケートの回答を見てみると、違法風俗店の排除なら保安課、客引きなら生活安全特捜隊、JKビジネスなら少年育成課、防犯カメラの設置は生活安全総務課、偽ブランド商品なら生活経済課とパーセンテージが高い回答項目を生活安全部門の担務が占めている。そしてとりわけ、盛り場での犯罪捜査に威力を発揮しているのは「防犯カメラ」だ。警視庁によると、都内22の盛り場重点対策地域には防犯カメラシステムが完備されている。これら全ての画像は、生活安全総務課が管理する「生活安全カメラセンター」でモニターできるようになっている。センターは江東《こうとう》区青海《あおみ》のインテリジェントビル内にある。100台近いモニターが置かれ、一覧できるようになっている。

実際の犯罪捜査にもカメラシステムは役立っている。

「麻布《あざぶ》PSから各局。六本木○の○の路上、外国人同士の暴動の模様。近い局は現場へ」

盛り場重点対策地域の六本木。管轄する警視庁麻布署のリモコン室（通信指令室）で副署長が街頭防犯カメラシステムを操作しながら、無線司令員に指示を飛ばす。カメラモニターには、複数の外国人がもみ合っている様子が映し出されている。パトカーが続々と到着する様子もリアルタイムで映し出される。止めに入った警察官をこづく外国人。カメラシステムの画像は全て録画されており、犯罪性を裏付けるための補強材料となる。騒動は認知から15分で治められた。

「街頭防犯カメラシステムの威力はすごい。捜査指揮官の指示次第で、警察官を機動的に効率的に運用することができる」（捜査関係者）

多くの人が行き交い、時に蝟集《いしゅう》するのが盛り場だ。AI（人工知能）を導入したカメラシステムの開発も警視庁内では続けられている。警視庁関係者によれば、一部の盛り場ですでに試験運用が始められデータが収集されているという。ＡＩを活用した「街頭防犯カメラシステム＋犯罪プロファイリングシステム」の流れはこうだ。犯罪の手口、犯罪心理、容疑者の供述、容疑者の行動特性、被害者の足跡などの犯罪に関する知見と、警視庁が持つ犯罪発生日時、立地環境、気象条件、交通量などの犯罪ビッグデータとを、ＡＩを搭載した大型コンピュータにインプットする。ＡＩの深層学習機能によって、犯罪が起きる確率が高い場所、時間帯に加えて犯人の行動特性や手口を予測することが可能という訳だ。そして、ＡＩが抽出した場所や周辺を重点的にパトロールすることで事件を発生する前に防ぐことができるのだ。

ＡＩ捜査も活用した警視庁の盛り場総合対策は、オリンピックまで2年を切り、正念場を迎えつつある。警視庁全体に求められているのは「意識改革だ」と警視庁関係者は指摘する。

今後、ビッグデータ等を活用するＡＩのような新しい技術が次々と登場する中、警察職員一人ひとりの意識改革が求められており、これらの新たな情報通信技術を上手く活用できる方法がないか、最初から無理と決めずに考え取り組む姿勢が大切となろう。仮に目的とする成果がなかなか得られなかったとしても、新たな気付きや次のステップへのヒントを得る可能性もあるほか、ＡＩでの分析を検討しているということ自体が、犯罪者への警告になるとともに、体感治安の向上にもつながると思われる。

また、ＡＩの導入によって、慣れ親しんだ現行業務のやり方を変更することに抵抗感を感じる現場担当者は少なくないと思われる。組織内での合意を得るには、現場における課題を解決するため有用であり、かつ現場にとって使いやすいものであることが重要である。また、ＡＩへの誤解に基づく過剰な期待が一人歩きすることにも注意が必要で、明確な目的意識や十分な準備をせずに急いで導入すれば期待外れに終わる危険性もある一方、新たな技術を導入することへの過剰な警戒心から、なかなか導入への一歩が踏み出せないケースもある。

このため、所属長レベルの組織のリーダーがＡＩの特性を正しく理解した上で、トップダウンで導入の検討を進めると同時に現場の理解を得るため丁寧な説明を行い、現場を巻き込んだ実証実験を繰り返していくことによって迅速な実現が可能になると思われる。ＡＩを継続して運用していくに当たっては、ＩＴのスキルを有する特定の者だけではなく、全職員がＡＩへの理解と運用できるスキルを身に付ける必要がある。そのためには、ＡＩ活用に対する対応能力や姿勢・スタンスを学ぶことと並行して、ＡＩに対する苦手意識を取り除くことが必須であり、警視庁職員の意識改革も求められることになる。

■風俗警察業務の根幹

これまで風俗警察について、主に警視庁生活安全部保安課の活動を通じて見てきた。特に性風俗は「ＪＫリフレ」に代表されるように、東京が発信源となる業態が多い。東京都内の事案を受け持つ警視庁保安課の仕事量は増える一方であり、わいせつ犯罪、違法業者との激しい攻防が日々繰り広げられている。これまで見てきたように、風俗営業の基準、そしてわいせつの基準を設けて法に照らすのが風俗警察業務である。

この時代の空気を読み解く難しい仕事をこなす風俗警察の捜査官はどんな気質を持ち合わせているのだろうか。警察官僚出身で作家の古野《ふるの》まほろ氏は『警察官白書』（新潮新書）で「生安太郎」という架空のモデルを描きながら、風俗警察業務にあたる警察官の姿をリアルに炙り出している。

生安太郎さんは警察組織の何でも屋で、ヘルプデスクです。もう少し具体的に――

まずそもそも専務としての「生活安全」とは何か？

名前の通り、①まずは市民の安全に関することを仕事にしています（警察法にいう、「市民生活の安全と平穏に関すること」）。②次に、犯罪の予防に関することを仕事にしています。③最後に、保安警察と呼ばれるサブカテゴリを仕事にしています。（中略）

ゆえに保安警察は、まず、いわゆる飲む打つ買うの規制と取締りに当たります。この飲む打つ買う規制の象徴であり、御霊であるのが生安の持ち法律「風営法」ですね。バー、スナック、クラブ、ぱちんこ、まあじゃん、ゲームセンター、ソープランド、ヘルス、デリヘル等々を厳しく規制する、保安警察の、だから生活安全警察の御霊法律です。しかし、この風営法関係以外でも、いわゆる出会い系はリアルであれネットであれ生安の縄張り。もちろん、青少年保護育成条例違反といった、ニュースでよく出てくる、淫行・痴漢・JKビジネス関係も生安の縄張りである。

古野氏は、風俗警察業務にあたる捜査員は「法令のエキスパート」だとも主張する。次々と新しい手口で営業形態を変えてくる業者に対応するためには、あらゆる関係法令を知悉し、条文・罰則を適用できる能力を持ち合わせておかなくてはならない。風俗警察の経験が長い警視庁幹部は風俗警察の存在理由について言う。

「風紀が乱れると犯罪が起き、やがては社会全体を乱すまでになる。風紀の乱れがアンダーグラウンドを中心にじわじわと広がっていく。そうした動きを敏感にキャッチし、風紀を正すことで犯罪を未然に防止するのが風俗警察の役目であり存在理由だ。実際の摘発についても、世間の動向を上手く捉《とら》えて配慮した上で臨まなければならない」

前に触れたが、2018年3月、出演経験のない女性を説得し、出演を強要したとして、淫行勧誘や労働者派遣法違反の疑いで逮捕されたAVプロダクションの元従業員の男性（35歳）ら3人が不起訴処分となった。

淫行勧誘罪は「淫行の常習のない」女性を勧誘し、営利目的でみだらな行為をさせた場合に適用され、摘発は極めて異例だった。東京地検は不起訴の理由を明らかにしていない。淫行勧誘罪は「淫行の常習のない」女性を勧誘し、営利目的でみだらな行為をさせた場合に適用され、警視庁保安課が威信をかけて、初の適用・逮捕に踏み切っていた。

古野氏は『警察官白書』の中で、生活安全部門に所属する捜査官のモデル、生安太郎について「進取の気性に富んでいる」と表現している。そして法令に熟知しているのも他の部門の捜査官とは違って生安部門の捜査官の特徴としている。

■風俗警察の幹部たち

まさに人間の欲にまつわる犯罪と日々対峙する風俗警察。警視庁で200人の捜査員を率いるのは警視正の生活安全部保安課長だ。保安課長は課のスポークスマンであり、警視庁クラブ員の担当記者と接する時間が極めて多い。事件発表レクチャーがオフィシャルな場であり、公舎への訪問、夜の一席などを設け、各社担当記者はチャネルを作っている。

趣味のエレキギターを手に美声を披露する姿はベテランミュージシャンのような風格がある。富川浩二警視正＝仮名＝は、2011年2月から2011年8月に保安課長を務めた。大学卒業後の22歳で警視庁に入庁。公安部門で頭角を現し、組織犯罪対策部では、国際組織犯罪捜査を扱う組織犯罪対策一課長を務めた。保安課長に就任すると、さまざまな事件を立件した。

「今井さん、いますぐ新大久保に来ることができますか？　わいせつDVD工場のガサが始まります」

富川から筆者への電話だった。この日、警視庁保安課は新宿区大久保にあるわいせつDVD製造拠点を摘発。「事件の家宅捜索の絵撮り（映像撮影）」ができると知らせてくれたのである。筆者は警視庁本部からすぐに現場に向かう。同時にカメラクルーを手配した。現場は新大久保のコリアンタウンから1本裏路地に入った住宅街。低層マンションの前にすでに捜査車両が数台停まっているのが確認できた。筆者たち以外にも、2社のテレビ局のクルーの姿があった。現場を取り仕切る保安課管理官から声を掛けられる。

「今井さんだね。富川課長から聞いています。もうすぐ入るから撮影の準備をよろしくお願いします。ガサで押収品を運び出した後に被疑者を連行していきます」

捜査車両から捜査員が続々と降り、たたんだ段ボールを手に2列を作っていた。管理官の合図で家宅捜索にあたる捜査員十数名が歩みだし、建物に入っていく。これが「ガサの入り」である。「大名行列」とも呼ばれている。建物内のエレベーターと外階段から二手に分かれ、最上階の4階の1室に入っていく捜査員たち。室内では何が行われるのか。管理官が説明してくれた。

「主犯の男に令状を示した上で、ブツを押収していく流れだ。立ち合いと聴取が終わったら順次、被疑者を連行していくから」

15分ほど待っていただろうか。段ボールを手にした捜査員が次々と出てくる。警視庁と印字された2トントラックは建物入り口付近まで寄せられている。段ボールに詰められた押収品が次々と運び入れられていく。トラックの荷台はあっという間に上限近くまで満杯になった。運転席上部に赤色灯がついている警視庁のトラックは走り出していく。

それから5分ほどたつと、両脇を捜査員に抱えられた30代くらいの男が出てきた。報道陣の存在に気付くとうつむいた。続いても40代くらいの男。その男も手錠がかけられた両手で顔を覆うようにしている。さらに5分後、30代くらいのふてぶてしい態度の男が現れた。主犯の暴力団員の男だった。その後の突き上げ捜査で、さらに暴力団関係者が逮捕された。富川は風俗警察業務について言う。

「風俗警察の仕事は、世の中に与える影響の多い警察業務と考えている。多くの人たちが安心して遊べるよう配慮することも忘れないようにするのも大事なことだ」

もう1人注目したい保安課長経験者は、金井貴義《かないたかよし》警視正である。現在は警視庁総務部参事官として、管理部門のエリートとして警視庁全体をグランドデザインする重責を担う。

金井については、巡査部長から生活安全部門に所属し、その後全ての階級であらゆる「生安捜査」を経験したそのキャリアの豊富さから筆者は「ミスター生安」と密かに呼んでいる。生活安全特捜隊長、サイバー犯罪対策課長を経て保安課長に就任した金井。風俗警察の業務についてはある思いがある。

「人間の欲がもたらす犯罪は尽きることが無いのが実情。性風俗の新しい業態も、よく考えついたなとこちらが逆に感心するくらいだ。でもやはり、健全な社会を実現するためには風紀を乱してはいけない。風紀の乱れは国を滅ぼす力になり得る。風俗警察がしっかりと取り締まっていかないといけない」

■民泊と風俗

これまで風俗警察の活動を事件の具体例を引き合いに見てきた。旧態依然たる規制の基準を持ちながらも時代の変化への対応を迫られる風俗警察。目下の課題は「民泊と風俗」だ。

２０１８年6月15日。住宅宿泊事業法（民泊新法）が施行され、一般住宅に有料で旅行者らを泊める「民泊」が全国でスタートした。政府は２０２０年東京五輪・パラリンピックの開催時に予想されるホテル不足の解消や、地方での外国人観光客の受け入れ増を期待する。その一方で警察庁は違法な無届け物件の根絶を目指し、取り締まりを強化することにしている。

これまで民泊は、旅館業法上の簡易宿所として許可を得るか、国家戦略特区に指定された地域で首長の認定を得る必要があった。新法施行により、家主が都道府県などに届け出れば住宅地でも年間180日までの営業が可能となったのだ。

東京都郊外の西東京市で民泊を始めた72歳の男性の自宅には、マレーシアからの家族連れなど5人の予約が入った。玄関先に届け出番号などを記した標識を掲げた男性は「新たな出会いが刺激になる。民泊は元気な高齢者に合っている」と話した。

ただ新法施行直前の2018年6月8日までの民泊届け出は全国で2707件と低調だった。政府は2020年の年間訪日客数を、2017年実績の1・4倍の4000万人に引き上げる目標を掲げる。訪日を重ねるごとに地方に足を運ぶ外国人が増えていることから、各地で十分な宿泊先の確保が課題となっている。京都、大阪など訪日客の多い地域では、自治体が違法な無届け物件の監視に乗り出した。新法と同時に改正旅館業法も施行され、自治体は違法物件への立ち入り検査や営業停止の緊急命令ができるようになった。

大阪市では、すでに市内にあった民泊物件の大半は違法状態とみられ、市は大阪府警O

Bを含む約70人の「違法民泊撲滅チーム」を設けるなどして対策を強化。早速施行日の6月15日は無届け営業2件の是正を指導した。

無届けで民泊を行う「ヤミ民泊」が性風俗の営業などに利用されることを警察庁では懸念している。新法施行から1カ月後、早速、事件が発生している。

警視庁新宿署生活安全課は7月、民泊として無届けの自宅で宿泊客を殴ったとして、暴行の疑いで、中国籍で会社経営の男（48歳）を逮捕した。また、男に包丁を突き付けたとして、暴力行為法違反（脅迫）の疑いで、宿泊客だった中国籍の男（61歳）も逮捕した。新宿署によると、逮捕容疑は2018年7月18日午前3時35分ごろ、双方が複数回殴ったり、「刺すぞ」などと脅迫したりした疑いだった。宿泊費などをめぐりトラブルになったという。

こうした違法な営業を続ける「ヤミ民泊」への指導・監視体制を強化するため、訪日客が多い京都市は2018年6月、京都府警と連絡協議会の初会合を開いた。

会合には、京都市長や府警の京都市警察部長らが出席。市長は「違法民泊が直ちに閉鎖されるように府警と緊密に連携したい」とあいさつした。これまで民泊をめぐる問題は個別の案件ごとに市が府警に相談していたが、住宅宿泊事業法（民泊新法）の施行を機に協議会を設けて適正化を図っていくことにしたのだ。

市によると、大手仲介業者のサイトには、京都市内で違法の疑いのある施設が約2000件掲載されている。市は行政指導に従わない施設について、刑事告発することも視野に入れている。

警察関係者は風俗産業と民泊との結びつきを警戒する。

「民泊が訪日外国人に向けての新たな性風俗サービスの温床となる可能性がある。さらに外国人従業員の拠点とされてしまうケースも出てくるだろう」

警視庁では、外国人による犯罪を担当する生活安全部保安課保安第二係と、組織犯罪対策部・組対一課が連携して、摘発・監視を強めている。

エピローグ　その日「風俗」も変わる

平成は約30年で幕を下ろすことが決まっている――。２０１９年の新元号、そして２０２０年には東京でオリンピックが開催される。元号が変わることは時代が終わることであり、人々の思いが反映する繁華街・遊びの対象でもある風俗にも影響が及ぶのは必至だ。かつて盛り場の灯がある行事で消えたことがあった。当時の関係者への取材に基づいて見ていく。

その日、新宿が変わった――。東洋一の歓楽街という東京・新宿歌舞伎町のネオンは消え、絶えることのなかった若者の息遣いもシャットアウトされた。

昭和天皇の「大喪の礼」があった１９８９年2月24日、新宿歌舞伎町は、戦後初めて、大半の店が休業し、不夜城の灯が消えた。一部の営業を続けた店には嫌がらせや無言電話。

歌舞伎町は、終戦直後からＪＲ新宿駅近くで歓楽街として発展、高度成長の波に乗って昭和30年代後半には、現在の「あみだくじのような」奥行きの広い街ができ上がった。町内に風俗店や飲食店、ゲーム店など４０００軒がひしめき、従業員だけで約10万人。金、土曜の流入人口は各50万人を超えていた。

歌舞伎町はこれまで、新宿駅騒乱事件（昭和43年）やオイルショック、新風営法施行（昭和60年）など歴史の波にもまれながらも「お客様第一」「何が何でも年中無休」と、ネオンが消えることはなかった。しかし、大喪が行われる新宿御苑は同町の南東約1キロ。ご葬列は御苑を出発後、同町をかすめるように西に向かう。このため、新宿駅周辺の四つのデパートや地下街は全店休業となった。歌舞伎町の中心にある新宿コマ劇場（当時）は「有名演歌歌手の公演期間中だが、亡き天皇に弔意を表すため」早くから休業を決めていた。商店街組合側も新宿署と協議を繰り返し、8割の店が休業することに同意を取り付けている。残りの2割は「自粛の方向」だった。一方、新宿署によると、同署管内の暴力団（150の事務所、構成員約1700人）は事前に「午後11時以降、酒は飲まない」「喧嘩《けんか》もしない」と同署に確約している。

そして当日。歌舞伎町の灯はほぼ消えた。

風俗警察の歴史は時代とともにある。改めて、戦後の時代から現代まで、年表形式で振り返ってみよう。

●1945年（昭和20年）

8月…日本が第2次世界大戦で敗戦。RAA（特殊慰安施設協会）を設立

●1946年（昭和21年）
1月…GHQが「公娼《こうしょう》制度に関する覚書」を発令
2月…内務省が「娼妓《しょうぎ》取締り規則」を廃止。旧遊郭の「貸座敷」は特殊飲食店となる
3月…米軍が性病蔓延《まんえん》を受け、オフリミット（立ち入り制限）の措置開始
RAAの施設が廃止される。街娼が増加し風俗警察が摘発に追われる
12月…「最近の風俗取締り対策について」という通達がなされ、赤線地帯が誕生

●1947年（昭和22年）
5月…日本国憲法が施行される
12月…31日付で旧府県令が廃止。その後、風営法の成立まで、風俗取り締まりの根拠となる法律が存在しない空白期間が発生。この年は「カストリ雑誌」が流行。性に関する記事が売り物になった

●1948年（昭和23年）
3月…警察法が施行される。公安委員会制度が導入され、国家地方警察本部と自治体警

察本部の制度となる
7月…「風俗営業取締法」が制定。9月から施行される

●1949年（昭和24年）
5月…飲食営業臨時規整法の施行で、料理・飲食店の営業が再開
この年、パチンコ台「正村ゲージ」が普及し、パチンコの流行始まる

●1950年（昭和25年）
5月…建築基準法が制定され、4種の用途地域が設定
この年、社交ダンスが流行。キャバレーでの飲食・ダンスが広がる

●1951年（昭和26年）
4月…東京・銀座に「東京温泉」が開業。「トルコ風呂」が併設される

●1952年（昭和27年）

12月…東京・青山《あおやま》に「東京ボウリングセンター」が開業

●1954年（昭和29年）
5月…風営法の改正施行。パチンコ店が規正業種に追加される
7月…改正警察法が施行され、自治体警察が廃止される

●1955年（昭和30年）
7月…風営法の改正施行。ビリヤードが風俗営業から除外される
　この年、深夜営業の喫茶店が増加

●1956年（昭和31年）
5月…売春防止法が制定される
　この年、東京都で深夜営業規制のための条例がつくられる

●1958年（昭和33年）

4月…売春防止法が完全に施行される

●1959年（昭和34年）
2月…風営法の大改正が行われる。少年非行の深刻化を受けて、低照度飲食店・区画席飲食店、深夜における飲食店営業が追加。7種類の規制対象営業になる。風俗営業取締法から風俗営業等取締法に名称が変更。施行は4月から

●1961年（昭和36年）
10月…東京・赤坂にレストランシアター「ミカド」が開業
この年、一部のトルコ風呂業者が売春に関わっていたことが表面化。ヌードスタジオも開業

●1964年（昭和39年）
5月…風営法の改正。深夜営業の規制が強化される。未成年の利用、就業の禁止も徹底される。施行は8月から

●1966年（昭和41年）
6月…風営法が改正。個室付浴場（トルコ風呂）、ストリップ劇場、ヌードスタジオなどを規制対象に追加。施行は7月から

●1967年（昭和42年）
ボウリングブームが最盛期を迎える

●1972年（昭和47年）
7月…風営法が改正・施行される。「モーテル」の営業を規制対象に追加

●1977年（昭和52年）
社交場に「カラオケ」導入が広まる。ディスコが若い世代に人気となり、これまでのダンスホールに取って代わる
ポルノ映画や性描写を含む出版物が問題視され、アダルトショップなどでは「ビニ本」として扱う。ストリップも過激な傾向に

●1978年（昭和53年）
ゲームメーカー・タイトーが「スペースインベーダー」を発売開始。以後、ゲームセンターが増加する。パチンコにICを組み込んだ「特電機」が登場し始める
京都に「ノーパン喫茶」ジャーニーが開業

●1979年（昭和54年）
東南アジアなどから風俗産業に従事するために日本に入国する女性が急激に増加

●1980年（昭和55年）
三共がパチンコの超特電機「フィーバー」を発売。ギャンブル性が増大した
「青少年の非行」が性風俗産業の成長と関連付けられて社会的に問題視される。「海外での買春」も批判の的になった
「ノーパン喫茶」が大阪にも開業。翌年にかけて全国各地に広がる
「マンショントルコ」「ホテトル（ホテルでのトルコ風呂サービス）」が登場

●1981年（昭和56年）
カラオケの騒音が社会問題になる。「アダルトビデオ（AV）」が発売され、ポルノ画像のメディア交代が進行

●1982年（昭和57年）
性風俗の新業態が増え始める。デートクラブ「愛人バンク」が話題に。翌年までに摘発される

●1983年（昭和58年）
カラオケの騒音を規制する自治体が増加

●1984年（昭和59年）
8月…風営法が抜本的に改正される。少年を取り巻く風俗環境の悪化に対処することが目的として、明確に掲げられる。法律の名称も「風俗営業等の規制及び業務の適正化に関する法律」に変更される

「風俗営業」と「風俗関連営業」がしっかり区別される。環境浄化のために、風俗警察は民間と協力し「風俗環境浄化協会」を設立。施行は翌年2月から
この年の警察白書によると、摘発された売春事犯の内の9割が派遣型になり、街娼型や管理型を大きく上回った
トルコ風呂が「ソープランド」に改称される
キャバクラ、テレクラなどの業種が登場

●1985年（昭和60年）
2月…改正風営法（風適法）が施行される

●1986年（昭和61年）
テレクラが急増する。ゲーム機賭博《とばく》が社会問題化し始める

●1987年（昭和62年）
1月…関わっていた女性がエイズ患者とされ、性風俗全般に打撃

この年、ポルノ画像がコンピュータソフトでも広がる
テレクラで少女が被害に遭うケースが問題となる

●1988年（昭和63年）
デートクラブなどのチラシ・ビラの大量頒布が目立つようになる

●1989年（昭和64年・平成元年）
カラオケボックスでの未成年の飲酒や暴力が問題化
テレクラでダイヤルQ2が登場し始める

●1990年（平成2年）
4月…パチンコ業界にプリペイドカードの導入開始
この年、「有害コミック」問題が発生。青少年条例の改正が進む

●1991年（平成3年）

女子高校生の制服などを売る「ブルセラショップ」が増加

●１９９２年（平成４年）
テレクラが地方にも拡大する

●１９９３年（平成５年）
郊外型の大型ゲームセンターが増加する
ポルノ画像のメディアにＣＤ－ＲＯＭが使われるようになる

●１９９４年（平成６年）
性風俗営業にパソコン通信が利用され始め、次いでインターネットの利用も増加
「カジノバー」が増加傾向に

●１９９５年（平成７年）
パチンコの変造プリペイドカードが出回る

テレクラを規制する自治体の条例の制定や改正が相次ぐ

●1997年（平成9年）
個室マッサージが増加する。一般家庭への風俗店の投げ込みチラシが問題化

●1998年（平成10年）
風営法の大改正が実施される。外国人女性の就労が増加、無店舗型の性風俗営業の増加などに対応。業態は「風俗営業」と「性風俗特殊営業」とに大別された。風俗営業については繁華街に限り、午前1時まで営業可能としている。施行は翌年4月から

●1999年（平成11年）
5月…「児童買春・児童ポルノに係る行為等の処罰及び児童の保護等に関する法律」が制定される。施行は11月から

●2001年（平成13年）

7月…風営法の改正。「性風俗特殊営業」が「性風俗関連特殊営業」に改められる。電話風俗の成長で子供たちが事件に巻き込まれるのを防ぐため「電話異性紹介営業」に対する規制が整備される

●2002年（平成14年）
2月…警視庁が新宿歌舞伎町に50台の街頭防犯カメラを設置
この年、インターネットを利用したポルノ映像の提供や交際の仲介、詐欺事件が増加。少年少女が「出会い系サイト」を通じて事件に巻き込まれるケースが多発

●2003年（平成15年）
「インターネット異性紹介事業を利用して児童を誘引する行為の規制等に関する法律」が施行される。電話ボックスに貼られたビラを取り除く活動が民間でも可能になる

●2004年（平成16年）
パチンコ遊技機の規制が強化される

●2005年（平成17年）

派遣型ファッションヘルス（デリヘル）が急増する。外国人女性がサービスするエステサロンを改装した店舗型も増加する

●2006年（平成18年）

改正風営法が施行される。人身売買の防止、性風俗関連特殊営業への規制を強化

●2007年（平成19年）

繁華街での客引きの取り締まりが強化される

警察が設置する街頭防犯カメラが9都府県で337台になる。スーパー防犯灯や緊急通報装置の設置も進む

●2008年（平成20年）

「インターネット異性紹介事業を利用して児童を誘引する行為の規制等に関する法律」の改正施行

●２０１０年（平成22年）
風俗警察が年末からクラブの摘発開始。全国に波及

●２０１１年（平成23年）
改正風営法が施行される。ラブホテル営業に該当する範囲を拡大。「出会い系喫茶」を店舗型性風俗特殊営業として規制対象にした
店舗型の性風俗関連営業の減少傾向は依然として続く

●２０１２年（平成24年）
「設備を設けて客にダンスをさせる営業」について、風俗営業から除外する範囲を変更

●２０１４年（平成26年）
警察が設置する街頭防犯カメラは全国で１１６５台になる
摘発された大阪のクラブ経営者に対し、大阪地裁は無罪判決言い渡す
ダンスの文言を削除する、風営法の改正案が閣議決定されるも廃案になる

●2015年（平成27年）
6月…風営法が改正される。「ダンス」の文言が削除され、新たに「特定遊興飲食店」が追加される。2016年に施行される

●2017年（平成29年）
7月…JKビジネスを規制する東京都条例（特定異性接客営業等の規制に関する条例）が施行される

●2018年（平成30年）
1月…警視庁保安課は淫行《いんこう》勧誘の疑いでAVプロダクションの元従業員ら3人を逮捕
3月…東京地検は同事件で元従業員ら3人を不起訴処分に
4月…「パパ活」がブームの兆し　風俗警察が本格調査へ

風俗警察の歴史は規制の基準を設ける歴史でもある。いわば職人的な内偵捜査の手法にもAIなどデジタル技術が加味されることが予想される。アナログな視点とデジタルな視

点で風俗を見つめる。風俗警察の全ての捜査員が持つ、風紀を整え時代に配慮する精神は未来永劫《えいごう》変わることはない。

おわりに

「人間の欲望に関わる犯罪を相手にするわけだから。終わりはない」

風俗警察の捜査関係者が筆者に語った言葉はとても印象深い。平成というひとつの時代が終わりを迎えようとしているが、性風俗などの営業にまつわる事件は消えることは決してないだろう。2020年に東京で開催されるオリンピック。会場を抱える警視庁は空前の警備態勢を敷かなくてはならない。先んじて風俗警察である警視庁保安課が担うのが「都市の環境浄化」だ。訪日客が安心して楽しめる盛り場を作る——。東京という国際都市の風紀委員としての重要な役割を警視庁保安課は引き続き担うことになる。

本作の執筆にあたり、多くの警察関係者にお話をうかがった。この場を借りて感謝申し上げたい。そして、株式会社KADOKAWAの辻森《つじもり》氏、アップルシード・エージェンシーの栂井《とがい》氏にも、本書を世に出してくれたことに改めて感謝申し上げたい。

2019年1月　今井《いまい》　良《りょう》

参考文献

『風営適正化法法令基準集〔改訂6版〕』大成出版社

他に、新聞各紙の報道を参考にさせていただいた。

今井　良（いまい・りょう）
1974年千葉県生まれ。中央大学文学部卒業。1999年にNHKに入局し、地方局や東京の報道局ニュースセンターでディレクターとしてニュース番組の制作に10年間携わる。その後、民放テレビ局に移籍し、警視庁キャップ・ニュースデスクなどを歴任。著書に『警視庁科学捜査最前線』『マル暴捜査』（以上、新潮新書）、『テロvs.日本の警察　標的はどこか？』（光文社新書）、『警視庁監察係』（小学館新書）がある。

風俗警察《ふうぞくけいさつ》

今井《いまい》　良《りょう》

2019年 2月 10日　初版発行

発行者　郡司 聡
発　行　株式会社KADOKAWA
〒102-8177　東京都千代田区富士見2-13-3
電話　0570-002-301（ナビダイヤル）
装丁者　緒方修一（ラーフイン・ワークショップ）
ロゴデザイン　good design company
オビデザイン　Zapp!　白金正之
印刷所　株式会社暁印刷
製本所　株式会社ビルディング・ブックセンター

角川新書

ISBN978-4-04-082296-9 C0295